北京市高等教育精品教材立项项目

马鸿藻 著

TIANYE KAOGU HUITU

# 田野考古绘图

北京大学出版社
PEKING UNIVERSITY PRESS

图书在版编目(CIP)数据

田野考古绘图/马鸿藻著.—北京：北京大学出版社,2010.8
(博雅大学堂·考古文博)
ISBN 978-7-301-17640-5

Ⅰ.①田… Ⅱ.①马… Ⅲ.①考古制图—教材 Ⅳ.①K854.1

中国版本图书馆 CIP 数据核字(2010)第 155308 号

| | |
|---|---|
| 书　　　名 | 田野考古绘图<br>TIANYE KAOGU HUITU |
| 著作责任者 | 马鸿藻 著 |
| 责任编辑 | 张　晗 |
| 标准书号 | ISBN 978-7-301-17640-5 |
| 出版发行 | 北京大学出版社 |
| 地　　址 | 北京市海淀区成府路 205 号　100871 |
| 网　　址 | http://www.pup.cn　　新浪微博：@北京大学出版社 |
| 电子邮箱 | 编辑部 wsz@pup.cn　　总编室 zpup@pup.cn |
| 电　　话 | 邮购部 010-62752015　　发行部 010-62750672<br>编辑部 010-62767315 |
| 印　刷　者 | 北京宏伟双华印刷有限公司 |
| 经　销　者 | 新华书店 |
| | 720 毫米×1020 毫米　16 开本　14 印张　220 千字<br>2010 年 8 月第 1 版　2024 年 12 月第 8 次印刷 |
| 定　　价 | 48.00 元 |

未经许可，不得以任何方式复制或抄袭本书之部分或全部内容。
版权所有，侵权必究
举报电话：010-62752024　电子邮箱：fd@pup.cn
图书如有印装质量问题，请与出版部联系，电话：010-62756370

# 田野考古绘图

宿白

# 序

　　考古学是研究人类实物遗存以阐明人类历史的学科。实物遗存都具有一定的形状，研究各种实物遗存的形状特征及其演变规律，不但是考古类型学赖以建立的基础，而且是全面研究考古学文化的必要条件。各种遗迹、遗物和花纹的形状特征，可以用文字来描述，但是难以做到准确和直观。照相虽然可以做到直观而且有真实感，但难以反映各个部位的具体尺寸和准确的空间位置，仅仅根据照片无法准确复原所拍摄的对象，这要靠考古绘图来解决。因此，考古学对于实物的记述，总是把文字描述、绘图和照相结合起来，以尽可能真实地再现实物的原貌。

　　考古绘图不同于一般的绘画，它基本上是一种几何作图，就是根据制图学的投影原理，结合考古遗存的特点而发展起来的一门技术性学科，属于考古技术的范畴。

我国的考古绘图基本上是跟考古学一同发展起来的，经过多次的改进，逐步形成了自己的特点。从1952年北京大学设立考古专业以来，考古绘图一直被列入考古技术的必修课之一。最早是请中国科学院考古研究所的徐智铭和郭义孚两位先生开设的，他们讲授的课程是考古测量与绘图，基本内容后来发表在考古研究所编辑的《考古学基础》一书中。1950年代后期由刘慧达先生接着讲授考古绘图，她陆续编写和修订的教材在"文化大革命"的动乱中不幸散失。从1981年起由本书作者马鸿藻讲授考古绘图，他曾多次就教于郭义孚先生，获益良多。在讲课的基础上重新编写教材，其后又几经修改，于1993年由北京大学出版社正式出版了《考古绘图》一书，受到有关方面的好评。该书于1996年获北京大学第三届教材优秀奖。

考古工作和研究的不断发展，对考古教学提出了更高的要求，考古绘图也应更进一步。作者多年来不但讲授考古绘图，还担任繁重的绘图任务，工作踏踏实实。他根据自己多年积累的绘图与教学经验，广泛收集资料，还多方征求意见，专门就考古器物绘图进行了较大幅度的修改和补充，形成了一本新的著作《考古器物绘图》。该书入选2007年北京市高教委精品教材建设立项，由北京大学出版社于2008年出版。在此基础上，作者锲而不舍地又撰写了《田野考古绘图》，这就是本书产生的原委。

本书比较全面而系统地讲述了田野考古绘图的基本方法和操作要领，较好地做到了理论和实际的结合。全书结构合理，逻辑性较强。插图丰富，不但有各种遗址遗迹和各种表现方法的实例，还举了一些容易犯错误的例子。反复讲述怎样画才是正确的，怎样表现才是最好的。作者在本书的最后一章还专门讨论了插图的阅读和分析。田野考古图是一幅一幅画的，但放在书籍中就有一个如何配合的问题。插图的大小、摆放的位置都是有讲究的。如果一幅插图中有多个遗址或遗迹图，如何配置成整幅的图，使它既符合科学性，又有一定的艺术性，做到科学性与艺术性的完美结合，这应该是考古绘图所必须追求的目标，也是编著本书的宗旨。本书是作者2008年出版的《考古器物绘图》的姊妹篇,相信本书的出版,对于提高考古绘图和相关绘图教学的质量会有一定的帮助。

是为序。

严文明

2009 年 8 月 8 日

# 目 录

第一章　绪论 /1
　　一、意义 /1
　　二、学习内容与要求 /2
第二章　制图的基本知识 /4
　　一、制图用品 /4
　　二、制图工具 /9
　　三、制图仪器 /14
　　四、制图的步骤 /23
　　五、制图的表示 /25
第三章　图字及其应用 /31
　　一、宋体 /32
　　二、仿宋 /34
　　三、黑体（又称等线体）/39
　　四、数字 /41
　　五、汉语拼音字母 /42
　　六、图字标注在考古图中的应用 /43
　　七、尺寸标注等在考古绘图中的应用 /46
第四章　素描 /49
　　一、素描的概念与意义 /49
　　二、素描的学习内容与方法 /50

　　　　三、素描的基础知识 /50

　　　　四、素描在考古工作中的应用 /57

第五章　田野工作绘图的方法 /61

　　　　一、测平面图时常用的几种方法 /62

　　　　二、测高低的主要方法 /68

　　　　三、剖面或立面图中坐标点的确定方法 /70

第六章　遗址图 /71

　　　　一、考古发掘的作业方法 /72

　　　　二、遗址平面图的基本画法 /75

　　　　三、遗址剖面图的基本画法 /77

　　　　四、遗址平面图与剖面图的关系 /82

　　　　五、遗址位置图 /84

　　　　六、遗址分布图 /85

　　　　七、各类型遗址、遗迹图举例 /92

第七章　墓葬图 /99

　　　　一、墓葬分布图 /102

　　　　二、墓葬平面图的基本画法 /108

　　　　三、墓葬剖面图的基本画法 /123

　　　　四、墓葬平面图与剖面图的关系 /124

　　　　五、各类墓葬图举例 /130

　　　　六、石窟等各类地上遗迹图举例 /158

　　　　七、田野发掘工作绘图中值得注意的问题 /166

第八章　插图的阅读与分析 /167

　　　　一、正确性 /167

　　　　二、艺术性 /183

主要参考书目 /199

后记 /201

# 插图目录

图一　　铅笔及置备示意图
图二　　小钢笔和英雄绘图笔及其附件
图三　　4号绘图纸的裁法
图四　　绘图板
图五　　丁字尺及其使用示意图
图六　　三角板及其使用示意图
图七　　曲线板
图八　　量角器与擦图片
图九　　十八件套绘图仪器
图一〇　圆规及其附件
图一一　圆规用法示意图
图一二　分规及使用示意图
图一三　比例规
图一四　直线笔
图一五　直线笔使用不得法示例
图一六　上墨清绘曲江池遗址地形图
图一七　图线线形示例
图一八　线形用法图例
图一九　文化符号图例
图二〇　遗址遗物符号图例
图二一　墓葬剖面图例
图二二　地层图例

图二三　宋体字的基本笔划
图二四　方仿宋体字的基本笔划
图二五　长仿宋体字的标准规定
图二六　长仿宋体字的基本笔划
图二七　黑体字的基本笔划
图二八　数字标准斜体与正体示例
图二九　数字书写步骤与笔顺示例
图三〇　汉语拼音字母正体与斜体书写笔顺示例
图三一　字列法则示意
图三二　龟兹佛教遗迹分布图字体标注示例
图三三　箭头标法的规则示意
图三四　四种基本形体示意
图三五　物体结构分解示意
图三六　比例测量步骤示意图
图三七　采用透视法素描写生图例
图三八　球体的明暗变化示意
图三九　素描写生陶房屋模型步骤示意图
图四〇　藁城台西遗址发掘工作情况示意图
图四一　洛阳城南郊刑徒墓地素描写生图
图四二　采用素描写生的方法描绘方形房址复原图和剖面图
图四三　采用素描写生的方法记录文物形象图
图四四　导线垂距法操作步骤示意图
图四五　以坐标点为基础进行连线描绘示意图
图四六　测绘完成F551房遗址平面图
图四七　垂足的确定方法示意图
图四八　F551房遗址平、剖面图
图四九　庙底沟龙山文化F551号房子复原图及剖面图
图五〇　距离交会法测绘示意图
图五一　测绘高低的方法示意图
图五二　遗址布方、开方、开掘和标桩编码示意图
图五三　遗址平面图测绘步骤示意图
图五四　遗址剖面图测绘方法示意图

图五五　遗址堆积情况的表示方法与地层图例示意图

图五六　遗址堆积形状和遗迹单位形状的描绘示意图

图五七　窖穴遗址互相打破平、剖面投影关系图

图五八　白沙宋墓遗址位置图

图五九　宝鸡北首岭发掘探方坑位遗迹图

图六〇　北首岭77T2探方坑位遗迹原图与修正图的比较

图六一　宝鸡北首岭遗址发掘区坑位总图

图六二　宝鸡北首岭第一发掘区遗迹平面分布图

图六三　郑州附近新石器时代及殷代遗址分布图

图六四　房遗址平、剖面视图的选用示例

图六五　窑遗址平、剖面视图的选用示例

图六六　井遗址的视图及描绘图例

图六七　窖穴遗址的视图及描绘图例

图六八　墓葬透视投影示意图

图六九　洛阳烧沟M61墓室透视图

图七〇　在探方中表示墓葬轮廓并标注墓号的墓葬分布图

图七一　采用墓葬轮廓标注墓号简化方号的墓葬分布图

图七二　采用探方中以人体形象代替墓葬轮廓并标注墓号的墓葬分布图

图七三　采用图例法标注墓号表示墓葬的分布图

图七四　大汶口新石器时代墓地墓葬的分布图

图七五　简单土坑墓宜徒手画单线表示

图七六　墓葬平面图用线的原则及方法

图七七　墓葬平面图的线描图例

图七八　墓葬平面图中壁龛及随葬物的表示

图七九　墓壁与墓道形状在平、剖图中的表示

图八〇　不易分辨的墓葬方向可在墓内用箭头表示

图八一　指北针与比例尺不宜画在墓口内

图八二　墓葬中腐朽人骨骼的表示

图八三　殉人骨骼葬式图例

图八四　墓葬出土情形与殉人骨骼的描绘图例

图八五　人体骨骼图

图八六　随葬器物叠压状况的表示

图八七　　大汶口M35合葬墓中殉人和随葬器物的表示
图八八　　马王堆一号墓平面和纵、横剖面视图
图八九　　墓葬剖面图位置的选择及其表示
图九〇　　墓葬平、剖面视图彼此配合表示图例
图九一　　墓葬形制结构在平、剖面图中描绘示意图
图九二　　投影关系示意图
图九三　　墓葬平面图与剖面图的投影关系示意图
图九四　　妇好墓M5平、剖面视图
图九五　　第6层部分随葬器物分布图
图九六　　第1—5层随葬器物分布图
图九七　　椁顶上层及椁顶平面图
图九八　　墓底大型铜器物分布示意图
图九九　　长沙M406号墓棺椁结构图之一
图一〇〇　长沙M406号墓棺椁结构图之二
图一〇一　长沙M406号墓棺椁结构图之三
图一〇二　长沙M406号墓棺椁横、纵剖面图
图一〇三　安阳孝民屯车马坑平面图
图一〇四　据孝民屯车马坑车痕复原商代车子示意图
图一〇五　侯马上马墓地三号墓车马坑下层平、剖面图
图一〇六　洛阳M632号汉代多室砖墓平、剖面图
图一〇七　"四隅券进式"穹窿顶砖墓平、剖面图
图一〇八　唐代"古"字形攒尖顶单室墓平、剖面和顶面视图
图一〇九　汉代M10016墓平面和纵、横剖面图
图一一〇　洛阳西汉壁画墓墓室平面图
图一一一　洛阳西汉壁画墓墓室剖面等组合图
图一一二　成都天回山崖墓M3平、剖面结构图
图一一三　积石墓平、剖面视图
图一一四　石椁墓墓盖及墓葬平、剖面图
图一一五　山西晋祠圣母殿立面、平面和剖面图
图一一六　莫高窟第302窟平、剖面图
图一一七　莫高窟第420窟平、剖面图
图一一八　山西海会院唐代石塔平、剖面图

· 4 ·

图一一九 河北定县宋代开元寺料敌塔剖面图

图一二〇 遗迹视图间投影关系错误图例之一

图一二一 墓葬平、剖面图中投影不吻合错误图例

图一二二 遗址遗迹视图的选用与分析图例

图一二三 遗漏线条错误图例

图一二四 错画线条错误图例

图一二五 较好的线描视图图例

图一二六 较好的线描西周M7027土坑墓平、剖面图例

图一二七 较好的线描砖墓平、剖面图例之一

图一二八 较好的线描砖墓平、剖面图例之二

图一二九 同一物体线描等处理要统一一致

图一三〇 长江流域隋唐墓葬形制比较图

图一三一 墓M7034平面图主题说明殉人棺椁及随葬物在墓室的分布

图一三二 分层绘制殉人及器物分布的墓葬平、剖面图

图一三三 墓葬平、剖面图的排列

图一三四 窖穴三视图组图位置的比较图例

图一三五 窖穴视图间组合的对比图例

图一三六 遗址与墓葬图中标示漏、错画问题图例

图一三七 遗址位置和墓葬分布图中漏画标示错误图例

图一三八 线描、文字标注、标示等欠妥图例

图一三九 洛阳东郊发掘区域图

图一四〇 大汶口M122墓底平面图及器物组合图

图一四一 汉魏洛阳城实测典型清绘图例

# 第一章

# 绪论

## 一、意义

  考古学是历史科学的一部分，它是根据考古发掘的实物资料来研究历史，补充历史的。田野考古工作是考古学研究的基础，也是保护文化遗产的重要手段。在考古发掘中遗址的地形，发掘区的各种情况，包括地层、遗址、遗物分布以及一些遗痕等，除了要照相（或录像）和详细地文字记录之外，还需要绘制各种各样的实测图，以便形象而准确地反映遗址和遗迹的状况。

  在田野考古发掘工作中，只有在科学取得资料的基础上，才能进行广泛而深入的研究工作。如果不掌握田野测绘的方法与技术，就不能正确地解释具体的内涵，也就没有办法作出卓有成效的研究成果。

田野考古工作绘图是具体地将制图学应用于考古工作和研究中，用制图学的理论和技术记录说明考古材料。它直接服务于考古学，它的应用范围贯穿考古工作的始终。

考古工作绘图具有两大特征：其一是专业性，其二是技术性。如果从事考古工作的人员，不掌握考古绘图的技术手段，就难于开展田野发掘工作和考古研究工作。

考古绘图强调科学性，就是田野工作绘图中要忠实于遗址遗迹的实物，不能随心所欲。要精确地将遗存现象记录下来，以系统的程序将全部的资料细致地加工整理，为考古学服务。

## 二、学习内容与要求

田野考古工作是多种多样的，它包括的内容是一系列的。田野绘图可以按工作程序分为以下三种。

其一，考古调查阶段：

有地图、地形图、路线图、遗址分布图（以上内容将在考古测量课中讲授）、地上遗迹、遗物图（如塔、石窟、木建筑、碑林等）。

其二，田野发掘阶段：

有遗址图（如房遗址、窑遗址、窖穴遗址、水井和粮仓遗址等）、墓葬图（如土坑墓、土洞墓、砖室墓、石室墓、岩洞墓等）。

其三，室内整理阶段：

有各类遗址图、各种墓葬图、复原图、器物图等。

在此，我们仅就地下部分的遗址、遗迹为重点，选择典型实例，全面系统地进行阐述。与此同时，为绘图工作的方便，对于绘图的基本知识以及素描在考古绘图中的应用等也作了简而明的介绍。

总而言之，考古工作绘图是一门以画图实践为主的技术学科，只有通过实践才能巩固理论知识，加强掌握有关作图的基本原则与方法，从而全面而科学地记录遗址和遗物的实况，有力地为考古学服务。

# 第二章

# 制图的基本知识

## 一、制图用品

**1. 笔**

①铅笔：它是很重要的绘图用品。铅芯有软硬之分，是根据字母H和B来辨别的。字母H表示硬铅，字母B表示软铅。

硬铅有H、2H、3H、4H、5H、6H六种规格。

软铅有B、2B、3B、4B、5B、6B六种规格。

HB表示铅芯硬软适中。制图用的铅笔多作六棱形，这样可以避免铅笔从图板上滚动下来摔坏铅芯。

铅笔应从没有标号的一端开始使用，以便辨别铅芯的硬软度。开始用小刀将木头削去25-30毫米，使铅芯露出6-8毫米为宜。铅芯露出太长了容易

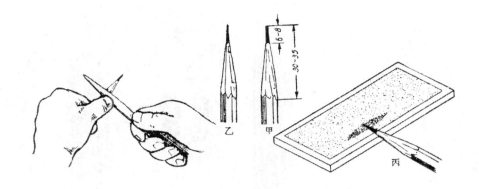

图一 铅笔及置备示意图

折断，太短了不经磨。削完后最好在硬纸上转动几次，使铅芯端部圆滑，如图一所示。

绘图时选用铅笔须依使用图纸的质量和对图的要求而定。

一般起稿时用H至3H的硬铅笔。这种规格的铅笔画线轻细，不用擦去，如果用铅笔绘制成图，不必上墨时，可用HB或B加深。除作草图、画素描、速写之外一般不用2B以外更软的铅笔。

②绘图小钢笔：形状与普通蘸水钢笔相似，但是制作小巧，笔端尖锐，可以画出非常细的线条。钢笔分笔头笔杆两部分，笔头插入笔杆处呈圆筒状。如图二（A）所示。主要是供画徒手线，写字或接连图线等用。拿笔的姿式和拿铅笔的姿式相同。

使用小钢笔时沾墨不宜过多，过多易泻墨而弄脏图纸。用时要勤擦，用毕擦干净以免墨水腐蚀笔头。

③英雄绘图笔：这是一种结构新颖，使用方便的绘图笔。为适应线条的粗细需要，笔头有各种规格。例如71A九支装英雄绘图笔，笔头分别有0.2、0.3、0.4、0.5、0.6、0.7、0.8、1.0、1.2毫米等九种规格。目前成套的有三支、六支、九支装等。它的结构详见图二（B）所示（为六支装）。其外观与钢笔相同。

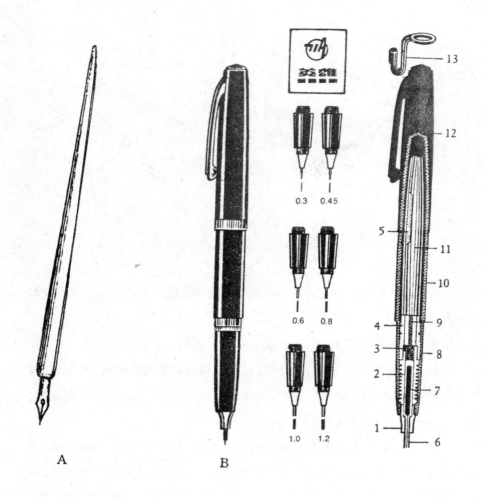

**图二 小钢笔和英雄绘图笔及其附件**
A.小钢笔 B.绘图笔及其附件 1.笔项 2.储水器 3.插座
4.接螺丝 5.笔胆 6.笔头 7.引水通针 8.尖套 9.排气
管 10.笔杆 11.护胆管 12.笔套 13.圆规夹

  英雄绘图笔必须使用碳素墨水，经常使用的笔，每隔几天要冲洗一次。将储水器即通针、笔头浸泡在温水中，然后冲洗。如果能每天冲洗更好，笔暂不用时，最好清洗后保管，以防墨水沉淀结块堵塞笔头。

  画线时若发现出水不均或断水，应立即停止划线，垂直轻轻摇动通针，通出阻塞物，如果通针不动，可用温水清洗，然后继续摇动通针，如仍不通，可拆开，用0.15毫米钢丝通入笔头的钢管内通出阻塞物。

当然，自行拆装，一定要小心翼翼，因为0.2毫米和0.3毫米的通针较细，非常容易弯曲变形，当发生弯曲变形时要轻轻将通针捏直，轻轻地、耐心地将通针装入笔头内。如果换新通针时，伸出笔头外的通针保留0.1—0.15毫米，过长部分要剪去。

④国画笔：国画笔种类繁多，例如大、中、小白云笔，这种笔用羊毫制成，笔肚较大，笔毛柔和，适宜渲染。衣纹笔和叶筋笔，笔肚秀长，笔毛挺拔纤细，适宜勾勒线条。另外尚有小紫圭、狼毫须眉等品种，制作小巧，可以绘画出极细的线描。

**2．纸**

①图纸：正式图纸一般要用质地结实，伸缩性小的图纸。对绘图纸的要求有下列几点：

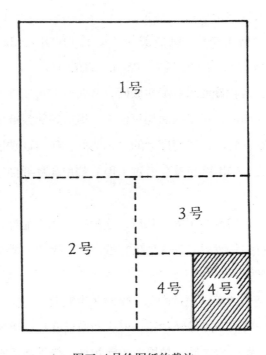

图三 4号绘图纸的裁法

A.用橡皮擦纸面不易起毛;

B.描墨线时不浸墨;

C.在折叠时不会折断。

绘图纸应注意保护,使纸面平滑,不皱不裂,不受潮,并保持纸面的洁白。

一般练习时,草图可用普通白报纸,片页纸等,田野记录图纸需用质地坚韧的道林纸和图画纸等;成图绘制则需要用每平方米重一百克以上的制图纸为宜。

使用图纸时应按次对裁,这样的纸张符合一般用纸的开数。整张纸称"0"号;二分之一开称"1"号;四分之一开为"2"号;八分之一开为"3"号;十六分之一开为"4"号;等等。如图三所示为十六开纸的裁法(标准图纸4号)。

②米格纸:也称坐标纸。在考古工作中记录遗址、缩放器物和作图表时,利用米格纸是很方便的。不过有的米格纸由于印刷不精致,往往有误差,所以在使用之前最好用米尺校对一下。

米格纸的规格比较多,例如 $23 \times 16 cm^2$(16开)、$23 \times 35 cm^2$(8开)、$50 \times 35 cm^2$、$75 \times 50 cm^2$ 和 $75 \times 105 cm^2$ 等等。

③描图纸:俗称硫酸纸。纸质较硬,有较好的透明度,是用质量高的薄纸浸以化学药品而成,反正两面均可使用。用这种硫酸纸描出的图可以晒副本。纸色以洁净、光滑、透明度大的白色为好。使用这种描图纸时,切忌手上涂油脂,以免影响图纸质量。考古工作者常用此种纸描绘墨线成图,以备出版印刷。

④生宣纸:画写意图画的一种纸,这种纸柔韧性能好,吸水能力强,需要对古文物进行拓片时,必备这种生宣纸。以安徽产的纸质薄而韧性好的棉连宣纸为最佳。

使用时将中药白芨浸泡过的水,喷洒在生宣纸上,轻轻覆合在被拓古文物上,用毛刷一笔挨一笔轻轻拍压,形成凸凹模样后,用绸布包成的棉球拍子,沾好墨汁,揉均匀之后一拍挨一拍地拍打,待墨迹适宜并能完美地显示其面貌时小心翼翼地取下，晾干即可。

3.墨

①墨铤分松烟和油烟两种，绘图以松烟墨为好，它含胶量较少。

墨与砚石关系极大，好墨必须配有好的砚石。砚石以石质坚、吸水性小而有盖的为宜，我国的石砚，历史悠久，种类繁多，南北各地均有出产。历史上称为"四大名砚"的是端砚、歙砚、洮砚和澄泥砚，而端砚被誉为群砚之首。端砚产于广东肇庆市的端溪（古称端州，端砚为端州砚的简称）。

"歙砚"产于安徽歙县。

"洮砚"产于甘肃南部的洮河。

"澄泥砚"不是天然石料而是人工以河泥所制。古代山西绛州所产的澄泥砚最好，山东柘沟也有制作，亦为人所重。

②绘图墨水：目前有两种适宜绘图的墨水，使用很方便。一般绘图墨水具有挥发性快，易干，墨色油黑等优点，但易生沉淀，常出现浓淡不均等现象，这种绘图墨水适于用沾水小钢笔画图；碳素墨水含胶量小，适于灌注绘图钢笔使用。

总之，使用以上两种墨水，用前要摇匀，用毕马上将瓶盖拧好，并注意防冻变质。

## 二、制图工具

### 1.绘图板

绘图板：是一块规矩的长方形木板。常用的是椴木三合板或五合板加硬木框做成的双面图板。一般规格有 $50 \times 120 cm^2$，称特号；$60 \times 90 cm^2$，称为一号；$45 \times 60 cm^2$，称为二号等三种。

选用时，板面木纹细，有弹性，无疤痕的为好。使用中注意防潮以防变形。

考古专用图板是一种自制的适用于田野绘图用的图板，板面较小，通体

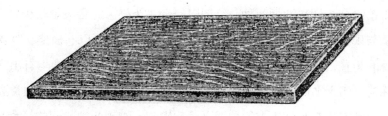

图四 绘图板

涂有防水清漆，正面绘图用，背面画有同心圆弧，可以量取器物圆径等。为了携带和保护一般都备有布袋。

**2. 尺**

①丁字尺：丁字尺是画直线和便于绘图用的一种长尺。丁字尺由尺头与尺身两部分构成。由于尺头与尺身连接方式的不同，又可分为固定式丁字尺和活动式丁字尺。如图五（1）所示。

不管是固定式或是活动式的丁字尺，通常尺头与尺身一定要保持直角，两边一定要平行。丁字尺有木制和有机玻璃制的。

使用时把丁字尺放在绘图板上，尺头靠紧图板的左边，左手推动尺头沿着图板的边缘滑动，至画线处按住，右手拿着笔从左向右沿着尺身的边缘画线，如图五（2）所示。

活动式的丁字尺，使用时须调整螺母，移动尺身就能使尺头与尺身之间成为任意的一个角度，沿着尺边可以画出各种斜线和角度。但是使用之前，必须要检查丁字尺的边缘是否平直，其角度是否为直角。检查的方法是沿着尺边画一条水平直线，翻转丁字尺后再画一条水平直线，如果这两条水平直线相重合，就表明这件丁字尺是准确的，否则就是不准确的。

②比例尺：比例尺为木制三棱柱形状，俗称三棱比例尺。所谓比例即确

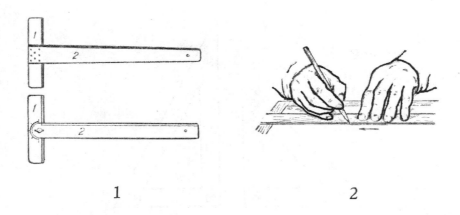

**图五 丁字尺及其使用示意图**
1.丁字尺（上为固定式，下为活动式）
2.丁字尺使用示意

定图上图样较原长缩小或放大若干倍的比值。比例尺各棱上面刻有刻度，表示各种比例的尺寸，例如1∶1、1∶2、1∶3、1∶5等等。

标有1∶1字样的刻度就表示图样上的尺寸与实际物体尺寸完全一致，即没放大也没缩小。

标有1∶2字样的刻度就表示图样上的尺寸比实际物体缩小一倍。

在绘制考古遗迹、遗物图时往往很少采用原大小的尺寸制图。一般不是缩小就是放大若干倍，所以利用三棱比例尺就非常方便，因为不要另行计算，从而可加速绘图工作。

为了依据指定的比例确定图上线段的实际长度，就必须将刻有该比例之比例尺边缘紧靠所测量的线段上，以刻度上的数字确定其尺寸。

决不允许用三棱比例尺画线，更不允许用分规在尺身刻度上扎眼等。为的是要保持比例尺刻度的精确性，同时保持尺身平直，防止变形和漆面脱落等。

③三角板：三角板是用来画直线和角度的工具，每套由两块组成，每块的角度分别为：45°，90°，45°；30°，90°，60°；如图六（1）所示。

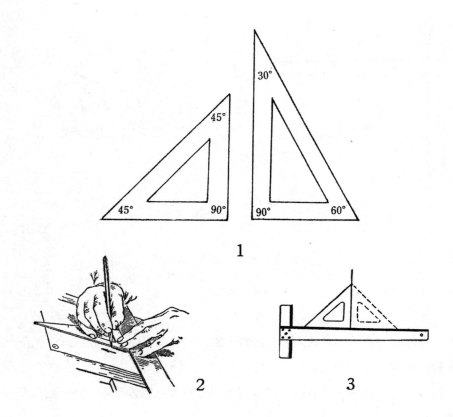

图六 三角板及其使用示意图
1.三角板 2.使用方法 3.三角板是否平直的检查方法

目前多为有机玻璃制成。市场上三角板的式样比较繁多，选用时要注意三角板主要边缘是否平、直而光滑；其各角度是否极为精确。

使用时要得法，用三角板画垂线时要从下向上，平行线要先左后右依次画出，各种角度斜线都是从左至右画出。

两块三角板配合使用可以绘制彼此平行、垂直和一定交角的两条直线，也可作出各种角度，如图六（2）所示。

在使用各种三角板制图时，三角板的表面以及工作边缘要永远保持清洁

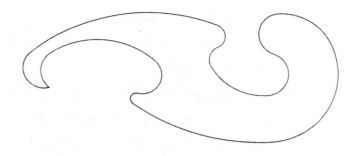

图七 曲线板

干净，若有不洁应及时用潮湿抹布擦拭干净，避免污秽图纸。

④曲线板：又称云形板，是由多种曲线构成的尺板。绘图时可借用曲线板的曲形绘出光滑的曲线，不过在上墨之前应先打好草稿，然后依次选择适宜的曲线部位逐段描绘。

⑤量角器：即半圆仪，是半圆形状，上面有从0-180°的度数，量角器在制图工作中是量测角度、作角度的工具。

量测角度，图八（左）中量角器的中心点位于角的顶点上，零度线和角的一边重合，这时角的另一边，必定在刻度上表示出来，就是45°。

所以检查三角板的角度是否正确，也可以用量角器。

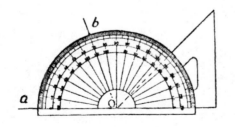 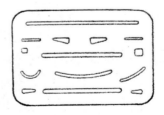

图八 量角器与擦图片

左 量角器　右 擦图片

作角度，例如在图纸上作70角。如图八（左）那样，使ao直线的o点重合于量角器的中心点上，ao重合于零度线，然后找出刻度线70°，用分规针轻轻扎一点b。拿开量角器，连接ob，角aob就是作出的70°角。

量角器应保持刻度的明显，防止翘曲变形。

⑥擦图片：有钢片和塑料的两种，是一种用来擦掉多余的线条或画错的线条的工具，使用时将擦图片上的孔洞对准要涂掉的线条，然后再用橡皮擦拭，这样不致影响邻近的其他线条。图八（右）所示即为擦图片。

⑦卡尺与卡钳：是工业上用的测量工具。无论卡尺或卡钳都分大、中、小号。我们考古工作者用以测量器物的长度或检查所画图样与实物的尺寸是否准确等。

另外我们可以利用卡钳两脚可伸张的特性测量古器物剖截面的壁厚等。例如假定卡钳两脚端点之间的距离为五厘米，然后将卡钳一脚伸入古器物体内要测的部位并使之与壁相触，用一钢卷尺测该点外壁至卡钳另一脚端点距离，假设为四厘米，那么该点的壁厚实际为一厘米。

利用卡钳测古器物壁厚很是方便，但要注意只要确定了两脚之间距就不能再伸展，以保持其标准。用钢卷尺测量时必须使两端点成为一条直线，否则容易出现尺寸上的错误。

⑧缩放尺：一般用来缩放器物图或教学挂图等。

⑨卷尺：有两种。一种为皮卷尺，从五米至一百米不等。一种为钢卷尺，一般有一米或两米。钢卷尺伸缩性极小，比较准确。

## 三、制图仪器

制图仪器一般都是成套地装在仪器盒内，具有一定的件数，例如二十一件、十八件或八件制图仪器等。一般学习制图时备有八件一套的仪器即可满足制图的需要。如图九为十八件套制图仪器。

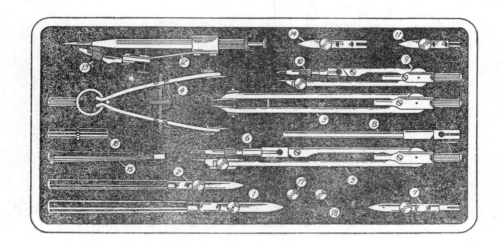

图九 十八件套绘图仪器

1. 大型鸭嘴笔；
2. 中型鸭嘴笔；
3. 分规；
4. 弹簧分规；
5. 大型圆规；
6. 大型圆规的铅笔插腿；
7. 大型圆规的鸭嘴笔插腿；
8. 大型圆规的延伸杆；
9. 中型圆规；
10. 中型圆规的铅笔插腿；
11. 中型圆规的鸭嘴笔插腿；
12. 铆钉圆规；
13. 铆钉圆规的铅笔插腿；
14. 铆钉圆规的鸭嘴笔插腿；
15. 螺丝起子；
16. 铅盒；
17. 圆心钉；
18. 附件（螺钉，以备其他工具换用）。

　　有了一套可用的绘图用具和材料，如果不会使用，或者是使用不得法，那也不可能画出一幅好图。因此要想在很短时间内，绘制一张完整而精确的图样，就必须知道每件工具的性能和它的使用方法。是否正确而合理地使用绘图工具与绘出图样的质量好坏，工作效率高低，都有密切的关系。

　　在考古绘图工作中常用到的制图仪器有以下几个种类：

　　**1. 圆规**：是主要的绘图工具，专为画圆及圆弧之用。由于长度的不同，

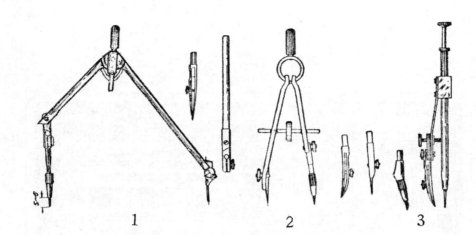

图一〇 圆规及其附件
1.圆规及其附件 2.弹簧圆规 3.铆钉圆规

可分为大、中、小三个型号。大圆规有铅笔插腿、钢针插腿和墨线插腿以及延伸杆等。中型圆规有铅笔插腿、墨线插腿。不管大型或中型圆规都可根据实际工作需要，换上不同的插腿。如图一〇（1）是圆规和它的附件。此外尚有画小圆用的弹簧圆规和铆钉圆规。如图一〇（2）、（3）。

使用时首先检查两腿尖是否在同一水平面上，如图一一（1），然后调整两腿之间的距离，使它符合绘图所需要的尺寸大小，以拇指和食指捏着执柄，将针尖的一腿扎在圆心上，而后以顺时针方向画圆。如图一一（2）。不论采用何种半径做长度，圆规两腿的中线必须和图面成直角。如图一一（3）所示为圆规画各种不同半径的圆时的正确位置。

用铅笔画圆或弧时，不可用力过大，以防铅芯折断。

画墨线时，应换上墨线插腿，并检查钢针与墨线笔插腿是否对齐，然后往插腿中注入墨水，注入墨水的高度在四至六毫米之间为好，同时注意调整墨线插腿上两钢片之间距，使之粗细程度符合实际工作的要求。在画圆和圆弧之前应先在图外另一张相同质量的纸上试画一下，待满意之后就可以往正式图纸上画了。

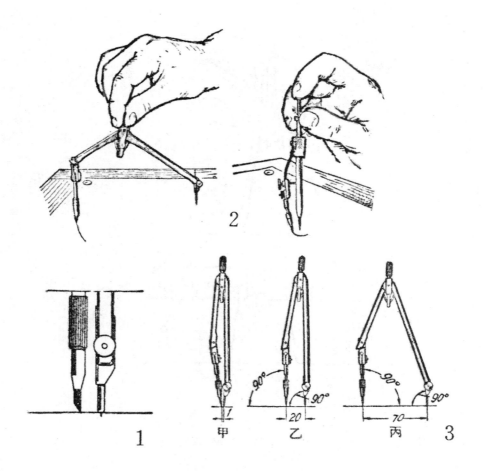

**图一一 圆规用法示意图**
1. 检查圆规两角尖是否在同一平面上的方法
2. 圆规不同，使用手法也不同
3. 圆规在画各种不同半径圆时的正确位置

  为使墨线连接处光滑，画到圆的连接处时应将墨线插腿逐渐地略微抬起；画线时不宜用力过大，以防两插腿撑大外移。用毕后必须擦净残余的墨水，放松螺丝，放回盒内以免损伤。

  2．**分规**：又叫两脚规，它的用途是在图上测量线段、等分线段、截取和移动线段以及等分圆弧等。

  它是由两腿、柄、钢针和夹紧螺丝等构成的。使用时要检查分规的两腿

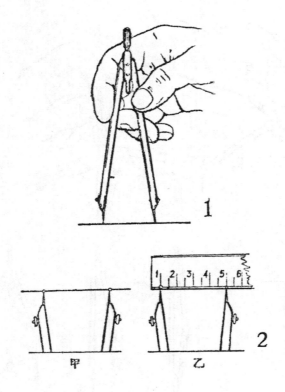

图一二 分规及使用示意图
1.分规的拿法 2.分规的用法

并拢之后两针尖是否对齐。使用时右手拿住分规,拇指放在两腿中间处,食指和中指夹住前腿,中指和无名指夹住后腿,张开时中指向外用力,闭合时向内用力,图一二(1)是分规的具体拿法;一二(2)是分规的用法。

3. **比例规**:比例规是运用相似三角形原理做成的一种测量仪器。这种仪器在考古绘图工作中经常用到,所以是我们重点介绍的工具之一。

比例规如图一三所示,是由相等的两个脚AD和BC构成,两脚中间有纵沟,沟里有可以移动的游标滑块。游标滑块上装有可以固定的螺丝母,无论如何移动游标滑块,只要使螺丝母固定,那么OC永远等于OD;同样OA永

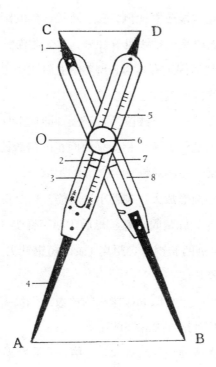

图一三 比例规
1.短钢针 2.对准线 3.立体刻度
4.长钢针 5.长度刻度 6.固定螺丝母
7.游标 8.钢架

远等于 OB。∠AOB 就可以随意调整使之变大或变小。

  比例规的两脚钢架上有刻度，分别标有长度、平面、立体和圆度的刻度数值的比例。游标滑块上刻有标准线。应用比例规是非常方便的，不用通过计算可直接求出一定比例关系的两线段长度。

  使用时首先略松游标滑块上的螺丝母，对准比例规两针尖，移动游标滑块，并使滑块上的标准线对准比例规规身上所需的刻度线，随手旋紧螺丝母；然后分开两针脚，将两长针尖（或两短针尖）对准已知的任何距离，则两短针尖（或两长针尖）间的距离即为所求的数据。

长度比例是指线段倍数比例，表示两长针尖的距离与两短针尖的距离之比。例如，如果需要将已知线段五等分，只要将游标标准线对准规身长度刻度上的"5"字，然后固定螺丝母，调整两长针尖对准线段两端点，此时两短针尖距离即为该线段的五分之一。

用比例规可以等分一条线段为若干段，同时也可以把一线段扩大若干倍。

平面上的刻度是代表两个相似平面面积的倍数比例关系，两个相似平面对应线段长度就反映在两对钢针尖之间的距离上。

例如要将已知圆形放大（或缩小）两倍，只要将游标滑块标准线对准平面刻度上的"2"字，旋紧固定螺丝母后用两短针尖（或两长针尖）量出已知圆形上某线段长，则两长钢针尖距离（或两短钢针尖）就是放大（或缩小）两倍图形的对应线段长度。

立体刻度表示两个相似立体体积的倍数比例关系，两个相似立体对应线段长度就反映在两对钢针尖之间的距离上。

如果将一个立体缩小（或放大）三倍，只要将游标滑块标准线对准立体刻度上的"3"字，用两长钢针尖（或两短钢针尖）量出已知立体上的某线段长，则两短钢针尖距离（或两长钢针尖）就是缩小（或放大）三倍的立体的对应线段长度。

"圆度"上的刻度表示圆周半径与圆周等分数（或弦长）的关系。

如果将已知圆周八等分，只要将游标滑块标准线对准"圆度"上的"8"字，用两长钢针尖量出已知的半径，则两短钢针尖距即为圆周八等分的弦长；如果已知圆周的等分弦的长度而求圆的半径时，只要使两钢针尖距为弦长，则两长钢针尖距即为该圆的半径。

在考古制图工作中，主要应用比例规的"长度"比例关系。

4．直线笔：俗称鸭嘴笔。直线笔是用来画直线的墨线笔。它是由笔头与笔杆两部分组成。笔头部分又是由两块钢片和一个调节螺母组成。旋动调节螺母可以调整两钢片之间的距离，以确定墨线的粗细。

使用前应将钢片里外擦干净，然后用鹅毛管或钢笔把墨水注入笔头。注

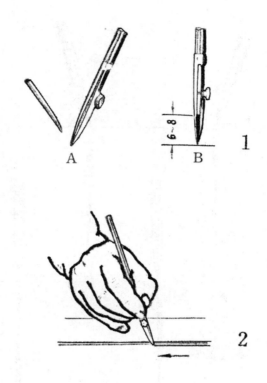

图一四 直线笔
1. 墨水的注入
2. 用笔的方法

入墨水要特别小心，不要使墨水沾在钢片的外表上或是滴在纸面上。注入的墨水不宜超过6-8毫米，如图一四（1）所示。拿笔的姿势和拿铅笔的姿势基本相同，如图一四（2）所示。

调好墨线粗细之后，用拇指和食指夹住笔杆，螺丝母朝外，左手按着直尺，顺着尺边使直线笔自左向右，前后保持90°，笔尖与尺应保持一毫米的距离，并使笔的两尖端紧贴纸面，切不可上下摆动。

如果拿笔的姿势不对，鸭嘴内含墨过多或过少就会出现下面四种有缺陷的线条。

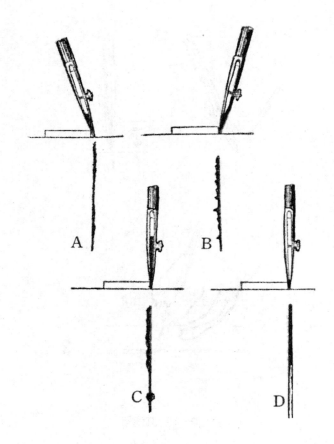

**图一五 直线笔使用不得法示例**

A.向外倾斜过度 B.向内倾斜过度
C.注墨太多 D.注墨太少

鸭嘴笔向外倾斜过度，只有一片钢片接触图面，结果画出的线条外边不齐；鸭嘴笔向内倾斜，笔尖接触尺边，结果墨水浸入尺下；鸭嘴笔注墨过多，会沾污图面，注墨过少则会画到中途缺墨。详见图一五所示。

总之，画线时要按规则进行，下手要轻，速度要均匀，只有这样方能画出既光滑又流畅的线形。另外，鸭嘴笔用完以后，应立即用软布或纸擦掉残留在笔头上的墨水，否则日久天长笔头会被墨水锈蚀。同时将调节螺丝母完全放松，以保持钢片有足够的弹性。

5. **其他**：例如垂球适合于画遗址地层剖面时引垂线用；刀片用于修改墨线时刮除错线；以及橡皮、裁纸刀、图钉、胶布、擦布、笔刀；等等。

总之，绘图之前应备齐全部需要的制图仪器、工具与用品。并把图板、丁字尺和三角板仔细擦干净。精心校对一切规、尺、板的精确性。

## 四、制图的步骤

### 1. 固定图纸

绘图前，应将图纸固定在图板上。在图板上放置图纸时，一定要考虑到绘图的方便。图纸要尽可能靠近图板的左边，图纸的下边不要紧靠图板，而应留出一个丁字尺的宽度，这样便于运用丁字尺画图中的最低线条。

固定图纸有以下几种方法：

①贴胶条方法：使用前根据所用图纸的大小将胶条或胶布截成窄条，先固定两上角再固定两下角。这种方法可免除图纸及图板的钉孔。

②浆糊裱纸法：可用清水涂于图纸正面，使纸面略有伸展，用浆糊抹于背面边沿适宜宽度，然后固定在图板上，并使图纸展平，边沿处用力压紧，晾干后即可，这种方法适于渲染画。

③蛋白裱纸法：测绘地图或画水彩画时用，这种裱法图纸一经固定，在图尚未画完之前，不应拆卸，同时也不允许更换丁字尺，以保持图的精确性。

④图钉法：为使钉好的图钉不致滑动，在钉帽下要折垫几层纸。如果用三角图钉则可直接钉上。这种方法易损坏图板，目前很少使用。

### 2. 构图

构图就是经营位置，即依所要画的内容考虑全图的配置。制图学上的构图与美术创作的构图有所区别。美术构图要求多样统一，均衡对比，突出主题主体，避免等分，远近虚实，视线集中等等，而制图的构图主要应注意图的均衡整齐，投影关系，视图排列。一组图中各部分关系要协调，全貌和局部的配置要适当，图心在图纸上的位置应与图框纸的距离相等。分图的位置之间距离要适当。比例尺、方向、图名及说明文字在图上可以起调谐作用，也要安排妥当。

### 3. 草图

开始画图之前，先作草图，用一般的白报纸、片页纸均可。为了方便也可用坐标纸画铅笔草图。草图的大小最好和正式图相等，或者二分之一，不能太小或没有比例。草图可以作数张，选择其中最成功的一张作为正式图的依据。草图的画线应力求简明扼要，可以不画细部，但一定要注意细部与全图的均衡问题，否则成图后可能会出现轻重不均的现象。

### 4. 制图

用铅笔在正式图纸上画，用笔时要粗细均匀，先用圆规画各种圆和弧线，其次用尺画各种直线及斜线，最后画徒手线和标注文字，如果不需墨线，则在底图稿完成后，用HB等较软的铅笔把线加重，并分出粗细即可。

### 5. 上墨

上墨清绘是最后成图的关键。一般照相、印刷或晒图等用图，为了使图面清晰，在作好铅笔草图之后，就要上墨清绘。清绘的次序与画铅笔线一样，先用规、尺、板，最后画徒手线。上墨清绘的一般要求是起笔要准确，行笔要稳重，墨色要浓黑，线条要流利而有变化，线条连接处要自然而不出疤痕，同时要留心已上墨的线条是否已干，以免污染图面。

### 6. 修改错线

铅笔的底图线和辅助图线，在铅笔加深或上墨清绘后，已很不明显，可以不必擦去。错误的图线则可以用橡皮擦去或用刮图刀片轻轻刮掉，若涂改比较大面积的错误线条时可用涂改液覆盖。如图一六所示为上墨清绘的曲江池遗址地形图。

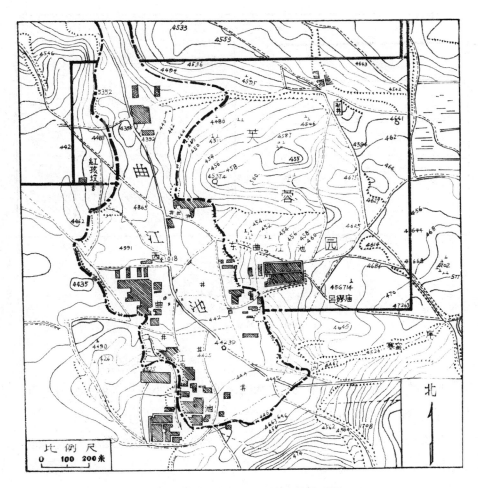

图一六 上墨清绘曲江池遗址地形图

## 五、制图的表示

### 1.图线及画法

根据国家标准的规定，图线的规格应标准化。用规、尺画线有实线、虚线、中心线等多种，此外尚有徒手线等。

在同一张图样上全部标准实线均应粗细一致，它的粗细以字母"b"表示，

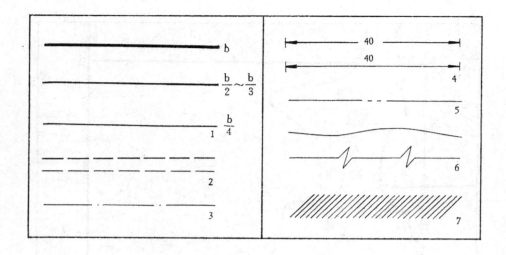

图一七 图线线形示例
1. 粗实线、中粗实线、细实线 2.虚线
3.点划线 4.尺寸线 5.展开线 6.波浪线、
双折断裂边界线 7.剖面线

"b"的范围为1毫米左右,在应用时可依实际图样大小及复杂程度酌情选用,而其他图线的粗细则根据"b"来确定。

①实线及画法:实线可分标准实线(粗实线)、中粗实线和细实线。实线表示物体看得见的轮廓线,一般外粗内细。

标准实线(粗实线)与中粗实线、细实线之间粗细之比为 $b:\frac{b}{2}\sim\frac{b}{3}:\frac{b}{4}$ 适宜。详见图一七(1)所示。

②虚线:表示物体看不见的轮廓线以及物体复原部分。它的粗细程度与其所处的部分之实线相等,虚线线段长度与其间隔长度以4:1为宜。如图一七(2)所示。

③点划线:又称中心线。表示物体的中心线或轴线。它的粗细为 $\frac{b}{4}$ 或较细,每一长划之长约在15~20毫米之间为宜,其长划之间的距离约为3毫米,在距离之中心画一约1毫米的短划,点划线的起始与终了也须是长划。如图一七(3)所示。

④尺寸线：表示物体的尺寸及境界线。在考古图中为了避免图面受图版放大及缩小的影响，一般采用比例尺为宜，尺寸线的粗细为 $\frac{b}{4}$ 或较细。如图一七（4）所示。

⑤展开线：表示物体的展开线段。

⑥断裂线：表示不完整物体的折断处或破裂处。

⑦剖面线：表示被剖割的断面。剖线倾斜45°为宜，线条粗细为 $\frac{b}{4}$ 或较细。画剖面线要求线条均匀一致，间距相等。

以上三种线如图一七（5）－（7）所示。

应用各种图线时的注意事项：

实线与实线、实线与虚线相交中间不留空隙；

虚线与虚线垂直相交时，在垂足处不得留空隙；

中心线与中心线相交于线段的中间；

直线与弧线相交接应圆滑不留空隙；

两圆或圆弧与直线相切时，在切点处图线应重合，恰恰是单根线的粗细，不可相割或不切。

以上各种图线注意事项举例详见图一八所示。

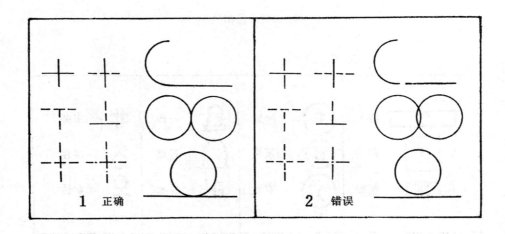

图一八 线形用法图例
1.线形用法正确 2.线形用法错误

## 2.符号

在考古工作中用的地图、地形图、遗址分布图上，除一般通用的地图图例之外，有时还要加入考古工作需要的各种符号。符号的设置要简单、明确、具有代表性。

在作图例时，应将专用符号排在前面，常用符号排在后面，这样可以使图内表现的问题重点突出。如图一九所示为几种不同时代考古文化的符号举例。

对遗迹、遗物等目前多采用符号或字母表示。例如："T"表示探沟或探方，"M"表示墓葬，"F"表示房址，"H"表示灰坑，"Y"表示窑址，"K"

| | | | |
|---|---|---|---|
| ＋ | 旧石器时代文化遗址 | ● | 龙山文化遗址 |
| ✕ | 中石器时代文化遗址 | △ | 细石器文化与仰韶文化并出 |
| △ | 细石器文化遗址 | ▲ | 细石器文化与龙山文化并出 |
| ○ | 仰韶文化遗址 | ◐ | 仰韶文化与龙山文化并出 |

图一九 文化符号图例

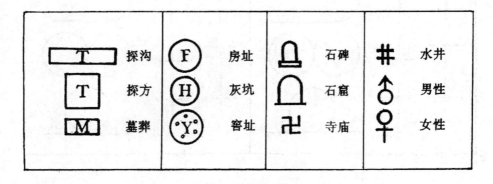

图二〇 遗址遗物符号图例

表示灶炕等等。石碑、石窟、寺庙、水井和殉葬人性别等一般均以符号表示。如图二〇所示。

### 3. 剖面

①器物图的剖面（即剖截面）

在考古图的剖面中，一般填充45°向左倾斜的细实线，也有全涂黑的。在考古图中，目前尚未形成规范，习惯上对石器、陶器、瓷器等剖面较厚的器物画斜线剖面；铜器、铁器及金银器等剖面较薄的器物全涂黑剖面。我们认为按上述方法处理可以使人们一目了然地区分开金属器物和非金属器物。

在非金属器物断面填充45°细实线时，间距要均匀一致，既不要过密又不要过疏，可依所绘制图样大小而定。

②墓葬图的剖面

墓葬图的剖面由于建筑材料多种多样，如土坑墓、砖室墓、石室墓、积石墓、岩洞墓等，所以表示方法也不相同。如图二一所示。

一个墓葬的几个剖面图，如果建筑材料不变，则应采用同样的剖面处理方法。在同一个报告中，同类的墓葬剖面应画法一致。

③遗址图的剖面

遗址剖面现象非常复杂，常因土色深浅，土质的粗细、软硬、松紧以及包含物的单纯与否等因素而需要有许多变化，所以要用各种线条在剖面图上

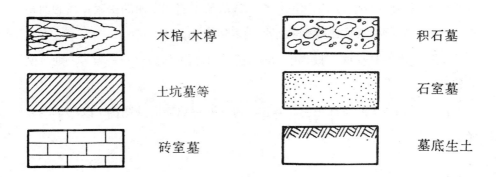

图二一 墓葬剖面图例

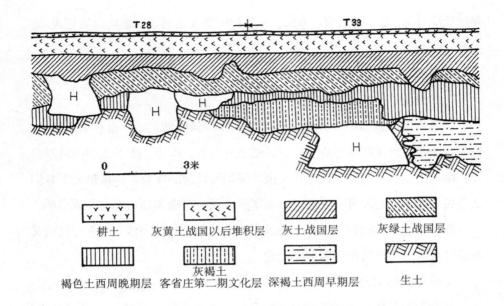

图二二 地层图例

加以区别。包括点、线（直线、横线、曲线、粗细线、交叉线、断线等）、圆或各式各样的不规则形体进行表示。

选用剖面时可以考虑用横、直、斜三种基本线表示常见的黄、褐、灰三种土色。用线的粗细表示土质的粗细，线的疏密表示土质的松紧；线的曲直表示土质的软硬；圆或不规则的形体代表包含物。

值得注意的是在同一报告中同类土色的剖面画法应完全一致，否则会使人费解。

图二二为《沣西发掘报告》客省庄村北的地层剖面及图例，以供学习参考。

# 第三章

# 图字及其应用

在制图时，图样上除用图线组成图形外，还时常用文字注明它的名称、视图、土色、比例等。

如果图画得很好，而文字却写得很糟，不但影响图面的美观，并且还会因字迹不清楚而容易使人误解。

要想熟练地掌握规定的字体写法，决非一朝一夕的功夫便可达到的，而需要较长期的、不间断的练习才行。在初次练习时，一定会遇到一些困难，这是必然的，如果能够坚持不懈地练习，一定能够收到良好的效果。

字的书体很多，但适用于制图的，必须是清楚、整齐、美观而且书写方便的字体。我国在制图上规定的汉字，一律采用长仿宋字。考古制图不像工程制图那样要求严格，但是采用这种标准化、规格化的字体，会有助于提高考古绘图的质量，增加图的美观性和科学性。

下面比较简要地介绍几种常用字体，重点是长仿宋字体。

字写得好与不好，主要从笔划和结构两个方面来看。因此学习时既要重视笔划也要重视字的结构。二者不能偏废。各种字之间有个性又有共性。下面仅以常用的宋体、仿宋体、长仿宋体和黑体为例，并按其基本笔划横、竖、撇、捺、点、挑、折、勾等八种分别具体讲述。

# 一、宋体

宋体是宋代雕板印刷体，也叫古宋，到现在已有近千年的历史。不过，宋版书中字体也不尽相同。今日所谓宋体，是在昔日字体的基础上发展出来的；目前已经完全规范化了。它的特点是："字形方正，横平竖直，横细竖粗，棱角分明"。其风格是典雅工整，严肃大方。它是印刷体中应用最为广泛的一种。不过它的横与竖笔划相差悬殊，点、撇、捺、挑、勾圆而不挺。粗壮有余、秀丽不足。宋体字体的基本笔划，如图二三所示：

| 横 | 平横 | 一 | 捺 | 平捺 | 迁 | 挑 | 抬 | 钩 | 竖钩 | 水 |
|---|---|---|---|---|---|---|---|---|---|---|
| | 斜横 | 七 | | 顿捺 | 八 | | | | 左弯钩 | 狂 |
| 竖 | | 十 | | 右斜点 | 心 | | | | 右弯钩 | 戈 |
| | | | 点 | 左斜点 | 六 | | | | 竖平钩 | 化 |
| 撇 | 竖撇 | 厂 | | 挑点 | 江 | | | | 折弯钩 | 刀 |
| | 斜撇 | 乂 | 折 | 竖折 | 区 | | | | 折平钩 | 乙 |
| | 平撇 | 千 | | 横折 | 国 | | | | | |
| | 斜捺 | 又 | | | | | | | | |

图二三 宋体字的基本笔划

## 二、仿宋

仿宋是摹仿宋版的一种字体，在印刷体中，可推仿宋体为最美。"仿宋"之中包括方仿宋和长仿宋，分项叙述如下。

### 1. 方仿宋

方仿宋的特点是："宋体结构，楷书笔法，粗细一致，秀丽挺拔。"

方仿宋字是用毛笔或钢笔徒手写的，字形小，方便好看。方仿宋字也有句顺口溜："起笔落笔顿顿，粗细一致，间隔均匀，上下顶格，左右碰壁，横斜竖直，笔划挺拔。"方仿宋字体的基本笔划如图二四所示。

| 横 | 平横 | 一 | 捺 | 平捺 | 迁 | 挑 | | 抬 |
|---|---|---|---|---|---|---|---|---|
| | 斜横 | 七 | | 顿捺 | 八 | | 竖钩 | 水 |
| 竖 | | 十 | | 右斜点 | 心 | | 左弯钩 | 狂 |
| | | 厂 | 点 | 左斜点 | 六 | | 右弯钩 | 戈 |
| 撇 | 竖撇 | | | 挑点 | 江 | 钩 | 竖平钩 | 化 |
| | 斜撇 | 义 | | 竖折横折 | 区 | | 折弯钩 | 刀 |
| | 平撇 | 千 | 折 | | | | 折平钩 | 乙 |
| | 斜捺 | 又 | | | 国 | | | |

图二四　方仿宋体字的基本笔划

## 2. 长仿宋

长仿宋体综合了古宋和方仿宋的特点，它比古宋体长，横与竖的粗细较为接近，点、撇、捺、勾也较挺拔，既保持了古宋的庄重大方，又具有方仿宋的活泼秀丽，克服了古宋的呆板与粗细悬殊及仿宋只能写小字不能写大字的缺点。长仿宋字形美观大方，新颖挺秀。

长仿宋字的特点是："横平竖直，直多曲少，起笔落笔处往往呈三角形，

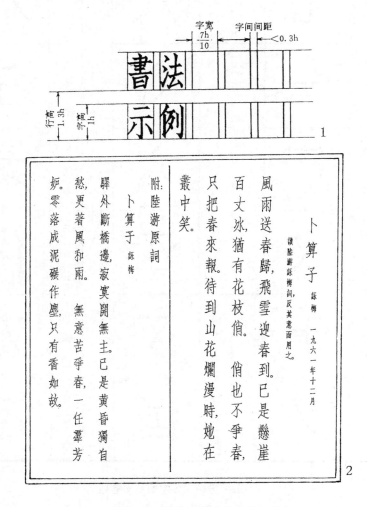

图二五 长仿宋体字的标准规定
1. 长仿宋体字的标准规定 2. 长仿宋字书写示例

笔划距离均匀，笔道粗细一致。"书写时有规律可循，必要时可用尺辅助写字。

①部颁关于书写仿宋字体的标准规定：

A．在图样中，汉字一律采用长仿宋字体，并从左至右书写。

B．应采用国家公布和实施的简化字。

C．字体的大小高度分为20、14、10、7、5、3.5、2.5共七种。单位为毫米。

D．长仿宋字体的字宽与字高之比约2∶3。

E．行格高度应为字高的1.3倍，行内相邻两字的间隔应稍小于两行的间隔。如图二五所示。

②长仿宋字体的写法

A．书写要领：长仿宋字的结构特点是均匀，各部位的比例关系要适当。其基本要领就在于偏旁或字头是不是放得合适，各部分比例是否放置适当，一般可按"上部让下部，左边让右边"的规律来写。例如"室"字的"宀"如写的太大，"法"字的"氵"旁和"铁"字的"金"旁写的太大，那么这样的字是绝不会好看的。

初学者为了保证写成的字大小一致，整齐美观，书写时可先打好标准字格，在格子里按照"横平竖直，排列匀整，注意起笔落笔填满格子"的原则来写。当然个别的字形不能充满字格，则尊重习惯的写法，以尽量安排匀称为宜。有些字可以上下满格，左右不满格，如"里"、"只"、"百"等字；有些字可以左右满格而上下不满格，如"四"、"曰"字等；还有些字上下左右都不能满格，如"口"字等。

B．长仿宋字体的基本笔划写法详见图二六所示。

| | | | | | | | | |
|---|---|---|---|---|---|---|---|---|
| 横 | 平横 | 一 | 捺 | 平捺 | 迁 | 挑 | | 抬 |
| 横 | 斜横 | 七 | 捺 | 顿捺 | 八 | 钩 | 竖钩 | 水 |
| 竖 | | 十 | 点 | 右斜点 | 心 | 钩 | 左弯钩 | 狂 |
| 撇 | 竖撇 | 厂 | 点 | 左斜点 | 六 | 钩 | 右弯钩 | 戈 |
| 撇 | 斜撇 | 乂 | 点 | 挑点 | 江 | 钩 | 竖平钩 | 化 |
| 撇 | 平撇 | 千 | 折 | 竖折 | 区 | 钩 | 折弯钩 | 刀 |
| | 斜捺 | 又 | 折 | 横折 | 国 | 钩 | 折平钩 | 乙 |

图二六 长仿宋体字的基本笔划

## 三、黑体（又称等线体）

　　黑体字和宋体字形态相反，其特点是笔划横竖粗细一致，方头方尾，点、撇、捺、挑、勾也都是方头的，所以又叫黑方体。黑体字虽然不及宋体生动活泼但是却显得浑厚有力，朴素大方而且醒目。它的结构严谨，笔划单纯。笔划宽度虽是大致等粗，但也不是绝对的，在书写处理上不能强求一致，否则笔划较多的字必然拥塞不堪，笔划少的字则显得空空荡荡，所以在长与短、横与竖、笔划粗细之间应酌情做适当的调整，以达到基本上的协调。

　　黑体字的基本特点归纳起来是："字形端庄，横平竖直，笔划等粗，粗壮醒目。"黑体字完全可以借助直尺辅助写成。

　　黑体字的基本笔划如图二七所示。

　　值得说明的是在植字机的《字体表》中有等线体，其中又分为"粗等"和"细等"。黑体就是"粗等"，"细等"不宜称为黑体。

| | | | | | | | | |
|---|---|---|---|---|---|---|---|---|
| 横 | 平横 | 一 | 捺 | 平捺 | 迁 | 挑 | | 抬 |
| 横 | 斜横 | 七 | 捺 | 顿捺 | 八 | 钩 | 竖钩 | 水 |
| 竖 | | 十 | 点 | 右斜点 | 心 | 钩 | 左弯钩 | 狂 |
| 撇 | 竖撇 | 厂 | 点 | 左斜点 | 六 | 钩 | 右弯钩 | 戈 |
| 撇 | 斜撇 | 义 | 点 | 挑点 | 江 | 钩 | 竖平钩 | 化 |
| 撇 | 平撇 | 千 | 折 | 竖折 | 区 | 钩 | 折弯钩 | 刀 |
| | 斜捺 | 又 | 折 | 横折 | 国 | 钩 | 折平钩 | 乙 |

图二七 黑体字的基本笔划

## 四、数字

　　数字的基本笔划结构是由直线、曲线和弧线组成。其中 1、4、7 是由直线组成；2、5 是由直线与曲线组成；3、6、9、0 是由圆弧及曲线组成。数字字号分为 20、14、10、7、5、3.5、2.5 七种。字号等于字高，数字宽度约等于 $\frac{2}{3}$ 字高。

　　数字在书写时应向右倾斜，与横格线成 75°，但当与汉字字体混合书写时可采用正体。如图二八所示为数字的标准字体的斜体、正体及用三角板画 75°斜线的方法。

　　由于字体的不同，具体的书写方法也不相同，一般书写时的步骤及注意事项如下：

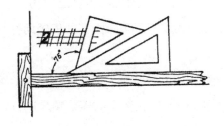

图二八　数字标准斜体与正体示例

一般书写步骤：

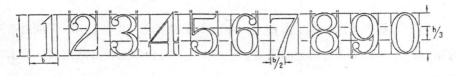

徒手书写数字的笔顺：

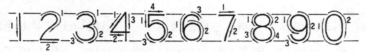

图二九 数字书写步骤与笔顺示例

1．**打书写字格**。其数字高与宽之比 3∶2 为宜，如图二九所示。

2．**起铅笔字稿**。其数字笔划粗细与字宽之比约 1∶5 为宜。

3．**上墨清绘**。其数字线条凡可用规、尺、板辅助打线的先行打出，后徒手画线连接完成。

4．**徒手书写**。一般较小的数字书写时，往往只打两平行线控制字高，直接徒手着墨书写。但书写时一定按数字的笔划顺序进行。如图二九所示。

## 五、汉语拼音字母

制图用汉语拼音字母号数的规定为 20、14、10、7、5、3.5、2.5，字母号数即为字母的高度。

在制图应用汉语拼音字母时可分为正体和斜体两种。当与汉字混合书写时可采用正体；当单独书写汉语拼音字母时应向右倾斜与横格线成 75°。图三○为汉语拼音字母正体与斜体 10 号字大、小写示例。

图三〇　汉语拼音字母正体与斜体书写笔顺示例

## 六、图字标注在考古图中的应用

### 1. 应用范围

在考古图中，应用图字标注的范围比较广泛。如遗迹位置图、遗迹分布图、遗址图、墓葬图、地层图、遗物分布图、器物分期图等都需要有图字标注。因为考古图一般都比较简单、概括，远不像地图和地形图那样详细和复杂。

## 2. 图字标注的配置

图字标注位置的选取是十分重要的，它直接影响图面的清晰度和阅读。所以必须注意图字标注的配置基本原则：与被注物关系密切；避免遮断重要物体；要易于阅读。

字列可分为水平字列、垂直字列、雁行字列和屈曲字列等，如图三一所示。

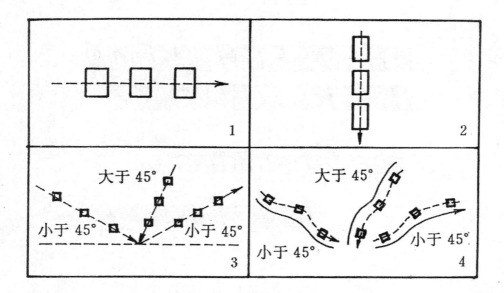

图三一 字列法则示意
1. 水平字列 2. 垂直字列 3. 雁行字列 4. 屈曲字列

在考古图中一般标注地名、地物等时多用水平字列，个别用垂直字列，写于其近旁。标注水平字列时一般从左至右书写。而标注垂直字列时则从上至下书写，字体必须正向成排，不得倾斜。如果遇到地物密集可分别用一种字列标注于其上、下、左、右的近旁，但都要求水平成行，竖直成排。详见图三二所示。

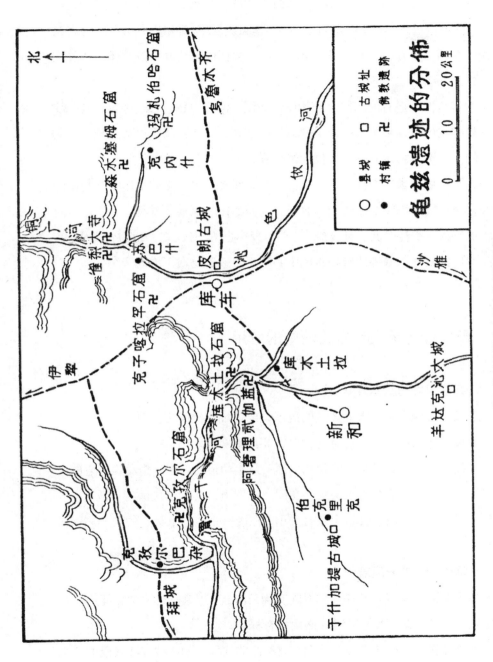

图三二 龟兹佛教遗迹分布图字体标注示例

在考古图中一般标注道路、河流时多用雁行字列，弯曲多变时用屈曲字列。字体可按道路、河流的走向排列，字体可斜置(左斜和耸肩均可)，写在其右侧、左侧、上方和下方均可，但注意在一幅图中标注同向的字体大小要完全一致。如图三二所示。

在考古图中遇有面积较大的物体，如湖、海、山脉、行政区等，其标注位置最好在中间，多采用雁行字列或屈曲字列，其字隔间距可适当拉长，其字体的大小可依物体的重要地位酌情配置。

在考古图中数字标注同文字标注一样，都要采用同样的字体写在物体的近旁，同一幅图样中字体的大小要统一。例如在一幅墓葬器物分布图中，对器物进行编号标注时其字列要统一，字号大小也要一致。在一组器物图中，其标注的位置最好选取每件器物器底中心线下方或器物右下方近旁为宜。

## 七、尺寸标注等在考古绘图中的应用

### 1. 标注尺寸的基本要素

①尺寸界线：用来限制度量的范围，要用细实线画出。

②尺寸线：用来表示度量的方向，要用细实线画出。

③箭头：用来表示尺寸的起始，箭头是尖角形状，而且全涂黑，它的大小可依据标准实线的粗细来决定，在同一张图上，其大小应保持一致。

④尺寸数字：用来表示尺寸的大小，在同一张图样上数字的大小应保持一致。

### 2. 标注尺寸的一般规则

为了保证图样每一尺寸标注得既明确又清楚，国家标准中制定了有关标准尺寸的规定。在标注尺寸时，必须执行标准。

①尺寸界线：尺寸界线应垂直于被标注的线段，如遇被标注线段的两端不易很清楚地引出垂直线时，可以把尺寸界线画得倾斜于被标注的线段，但

两端尺寸界线必须平行。

②尺寸线：尺寸线应与被标注的线段平行而且等于它的长。尺寸线与被标注的线段之间及互相平行的两尺寸线之间的距离，应不小于5毫米(最好为7-10毫米)。

③尺寸数字：图上尺寸数字应标注标准注字体。尺寸数字应写在尺寸线断开的地方或尺寸线的上方。在一张图上，尺寸数字的标注必须一致，并尽可能标注在接近尺寸线的中央部位。

④箭头：箭头应画在尺寸线的两端，必须与尺寸界线相交触；既不可超出也不能留有空隙；其箭头长度约等于宽度的三倍为宜。详见图三三所示。

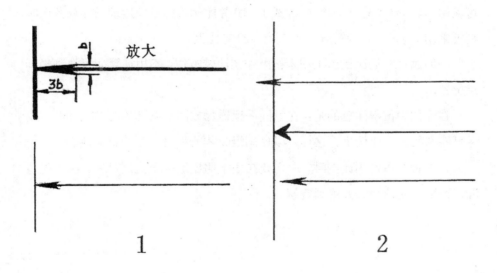

图三三 箭头标法的规则示意
1.正确 2.不正确

### 3.尺寸标注比例在考古图中的应用

在发表的考古图中,使用标注尺寸线的图比较少,但在考古调查及发掘工作中作图时,往往需要掌握这种方法。因为田野作图工作比较短促,而且不易进行复查,作出现场记录后,详细认真地标注尺寸数字,在整理记录时,才会有可靠的依据。

在考古学上统一规定的长度标准有毫米(mm)、厘米(cm)、米(m)、千米(km)或公里等。

制图时,时常依据物体的大小和复杂程度,把图形按一定的比例关系放大或缩小。这种图形尺寸与实际物体尺寸之比称为比例。

在考古制图中,小件器物一般画1∶1比例(即图形尺寸与实物尺寸相同),因为这样可以从图样上得到关于空间物体大小的正确概念。画较大的器物时可采用1∶2、1∶3、1∶4、1∶5或1∶10等比例。如果画遗址图、墓葬图时则可采用1∶10、1∶20、1∶50、1∶100等比例。

一般画这样的比例图采用米格纸作图比较方便,不用计算即可找到坐标点位置。

在作图中值得注意的是：在画同一组器物或同一墓葬的各结构图时,要尽可能选用同一比例尺,这样可以使同组物体的相对大小一目了然。

在考古图中使用比例时,一定要在图上明显地标出比例尺来,决不能遗漏,否则会使读图的人感到费解。

# 第四章

# 素描

## 一、素描的概念与意义

　　素描是一种绘画形式,主要以单色线条和块面表现空间物体的形象,它是造型艺术基本功之一。使用工具有铅笔、炭笔、钢笔和毛笔等。

　　素描的表现形式,不外乎阴影和线条两种不同的写实绘画方式。因为它涉及较多的基础知识,所以初学者都要循序渐进地把素描做为入门的课程,并强化勾勒线条的基础训练。

　　素描的重要意义在于通过最基本的训练,能够不断地提高人们的艺术修养与绘画的素质,掌握正确的观察方法和表现技巧,学会整体分析和概括的思维能力。没有一定的素描基础就不可能掌握准确表达空间物体的写实能力。因此凡是从事与绘画创作有关的人员都要打下坚实的素描基础,这是至关重要的。

## 二、素描的学习内容与方法

素描的学习内容主要是写生与临摹两种形式,任何空间物体都是通过点或线构成的。

写生,就是凭着视觉器官对空间物体进行具体的描绘。写生是学习绘画与素描的主要手段之一,通过写生训练不仅能提高人们的思维能力,也能不断提高人们的表现能力。而临摹则是依据人们观察现有的作品进行间接绘画的一种形式。对于初学绘画的人而言,临摹训练是十分必要的,从中可以学到许多表现技法和艺术风格,是一种极有益处的学习方法,也是素描写生训练的有力补充。

总之,学习素描要有认真、严格苦练的态度,以写生为主临摹为辅,持之以恒一定能收到良好的学习效果。

## 三、素描的基础知识

1.**形体结构**:空间物体千姿百态,都是我们可以描绘的对象。一般而言,初学者都要从各种基本形体练习开始。基本形体包括六面体、圆柱体、球体和锥体。如图三四所示。

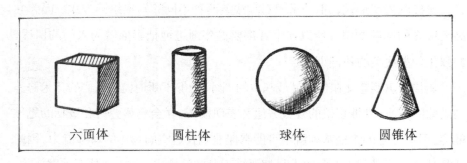

图三四 四种基本形体示意

它们的基本特点是形体简单而明确,结构典型且规范,便于人们认识和理解。

基本形体是从许多具体形状中概括出来的几何体,因此它具有广泛的

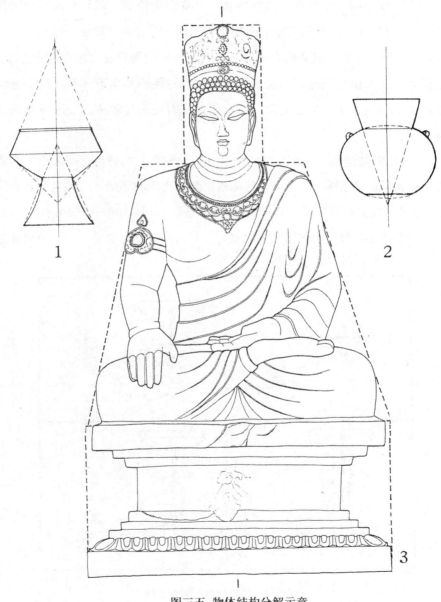

图三五 物体结构分解示意
1.陶豆 2.陶壶 3.如来佛造像

普遍性，任何复杂的物体都是基本形体的多样化之组合。如图三五中，（1）为敛口折复喇叭形高圈足陶豆，它的基本形体是由二个正立和一个倒立的圆锥体所组成。（2）为侈口、长颈、复扁圆，肩部有对称盲鼻之陶壶。它的基本形体是由一个倒立的圆锥体和一个扁圆所构成。（3）为大日如来佛像，通高326厘米。头戴宝冠，面相长圆丰满，五官雕刻细腻，着右袒式袈裟，带项圈、臂钏，施降魔印，结跏趺坐于方形亚腰叠涩宝装覆莲座之上，体形健美，人体比例比较准确。这尊如来佛造像的基本形体从上至下分别是：头部与宝冠为纵向长方体，从肩至莲坐台面为等腰体，亚腰莲座为横向长方体。

2．**比例与透视**：比例反映物体各部分之间及其与整体之间大小不同的关系。为了正确掌握比例关系，应在确定整体比例的基础上去确定各部分的比例关系。从整体到局部，由局部回到整体是比例测量中唯一正确的方法。如图三六中所示：（1）为陶豆整体之宽，（2）为陶豆整体之高，（3）为豆盘之

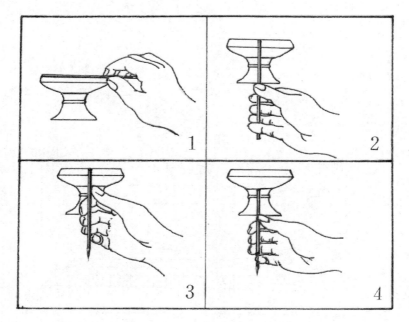

图三六 比例测量步骤示意图

高，(4) 为豆座之高。

　　透视是绘画的基础之一。在现实的生活中看到的景物，由于距离的远近不同，方位不同，在视觉中引起不同的反映，这种现象就是透视现象。研究这种现象和规律的科学叫做透视学。透视现象的基本特征是近大远小，远近

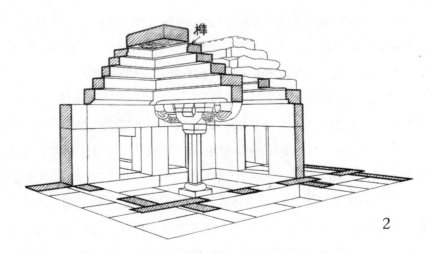

图三七　采用透视法素描写生图例
1. 采用平行透视画法写生铁路小站景观图
2. 采用成角透视画法绘制沂南画像石墓中室透视图

虚实地塑造空间形体的立体效果。物体的透视变形可以引起比例关系的明显改变，应当在理解透视规律的基础上去进行观察与比较。最常用的透视现象有以下三种：即平行透视、成角透视和斜角透视等。

平行透视：指被画物体与画面平行且视线消失点位于视平线的心点上，这种透视现象称"平行透视"。如图三七（1）所示为平行透视画法写生铁路小站景观图。近大远小对比较强烈。

成角透视：指被画物体与画面形成一定角度，且向视平线心点两侧余点消失，这种透视现象称为"成角透视"。如图三七（2）所示，为成角透视画法绘制的画像石墓透视图。

斜角透视：指被画物体倾斜时，倾斜面向视平线上方或下方消失，这种透视现象称"斜角透视"。

任何空间物体都按着不同的远近或高低位置占据一定的空间，我们必须按着透视法则正确地表现出它们的空间位置及各物体之间的相互关系。

3．**明暗调子**：物体的体积在素描中要借助明暗调子进行表达，如果不加绘明暗的物体结构，就不会产生立体效果和质感。因此，学习素描就必须掌握明暗调子形成及变化的基本规律。

明暗调子的形成与变化，取决于光线、物体结构和色彩这三种基本要素，其中光线是产生明暗效果的第一要素和先决条件，没有光线就没有明暗调子的形成和变化。以上三种基本要素是互相影响和互相制约的。

一般而言，空间物体在光线的作用下，就会产生三个大面和五种调子。所谓三个大面即受光面、背光面和两者之间的过渡面。俗称黑、白、灰三大面。这三个面为素描明暗的主要部分，决定着画面整体的效果。在受光面与背光面之间有一个面，俗称"明暗交界线"，它是暗面之中最深的部分，在暗面中受光线折射而产生的比较亮的面，称为反光。要表现在光线照射下的空间物体，通常要画出亮面、灰面、明暗交界线、暗面和反光五大调子，画准了形体和明暗五大调子，物体的立体感就表现出来了，如图三八所示。

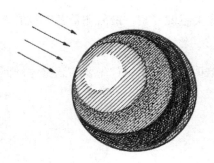

图三八 球体的明暗变化示意

**4．素描写生的步骤和方法**：在素描写生训练阶段．除了应该掌握基础知识和基本技法之外，还要培养正确的观察方法和表现方法。没有正确的观察就谈不上正确的表现。下面简单介绍素描写生的有关步骤。

①构图：构图指的是画面如何安排与组合的问题，这也是素描写生的第一步。构图的一般规律是对称与均衡，变化与统一，在有限的画面中赋予较强的艺术魅力，是构图的最终目的。在进行写生时，要画一条处在画者的眼睛同一水平上的视平线，这条线可以帮助我们确定透视的结构，在素描写生工作开始前必须确定处于我们视野中间的主要消失点，而且视点与光线要永远不变，以保证明暗变化关系的稳定性。构图时主要物体应靠近画面中心，确定好基本位置后，就要找出空间物体之间的比例关系、主要的态势和大体的轮廓。

②轮廓：轮廓是指画出的空间物体外形或粗略的形状。从某个角度画复杂的轮廓，既要有物体的大的外形又要有中间的主要部分，实际上包括平常说的外轮廓和内轮廓两部分。打轮廓宜用直线，因为直线在找形时，便于比较，在比较中求其准确。

另外画轮廓时要特别注意整体大致的组合，然后注意各种位置关系以及每种物体的比例、结构、透视等形的问题。形的问题是关键，是以后深入描绘的基础。在画面上开始要轻轻画基准线，成为基线的东西决定后，测量其位置大小。对水平、垂直和倾斜的位置关系做观察，最后测量各部位的直与横的比例，刻画细部直到完成。

　　起稿工作完成之后，就要进行明暗调子的描绘。首先要注意整体画面关

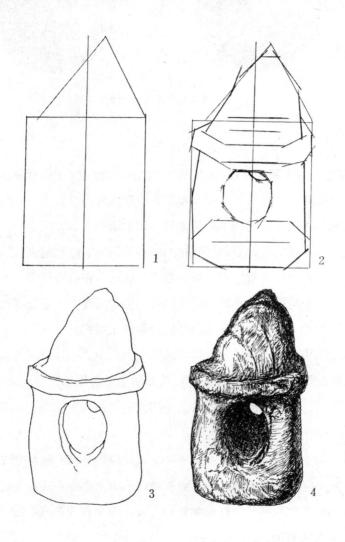

**图三九　素描写生陶房屋模型步骤示意图**
1.陶房屋外形轮廓结构　2.内部轮廓结构的起稿
3.整体结构轮廓的确定线描　4.素描明暗关系的完成

系及明暗对比，要按先整体后局部的顺序画出黑、白、灰三大面，在这一基础上再进一步深入细致地刻划各自的变化,而重点在于明暗交界线上的变化，但要注意不要将暗面画得太实与太重，以免影响整体效果。

③调整完成：调整的最终目的是使画面更准确、更生动、更完美，是锦上添花。调整画面一定要从整体出发，局部服从整体，逐步深入进行。切不可抓住局部不放，因为局部描绘得再好，也代替不了全局。一幅作品，只有经过多次反复的修正调整，才能使物体的形象更生动准确，才能使层次对比更细致入微，才能使明暗调子更丰富多彩，画面的效果才能达到理想境界。素描写生步骤如图三九所示。

## 四、素描在考古工作中的应用

素描是一切绘画的基础。考古工作中需要对各种各样的遗迹、遗物进行具体的描绘，如果没有一定的素描基础，在考古工作中就会遇到困难。

图四〇 蒿城台西遗址发掘工作情况示意图

图四一　洛阳城南郊刑徒墓地素描写生图

考古绘图与绘画是不同的，但是可以利用素描的理论和素描写生的方法记录并说明考古材料，为考古科学服务。具体应用在以下几个方面：

1．**在考古调查阶段**：利用素描写生的方法，对地上遗址的自然景观、遗迹现象等进行具体的描绘，例如古建筑、石窟、造像及石碑等。

2．**在田野发掘阶段**：利用素描写生的方法，对遗址坑位、墓葬、遗迹遗物等情况进行记录描绘等，如图四○和图四一所示。

3．**在室内整理阶段**：利用素描的表现方法（即线条与阴影），对出土文物的造形结构、纹饰、特征进行适度的描绘和对房遗址等进行复原示意图的描绘，以增强其立体效果和质感。详见图四二所示，就是采用素描的方法绘制

图四二 采用素描写生的方法描绘方形房遗址复原图和剖面图

仰韶文化方形房遗址的复原图和复原剖面图。

**4．在参观学习阶段**：利用素描写生的手段，收集记录所需要的典型文物形象资料等，如图四三所示。

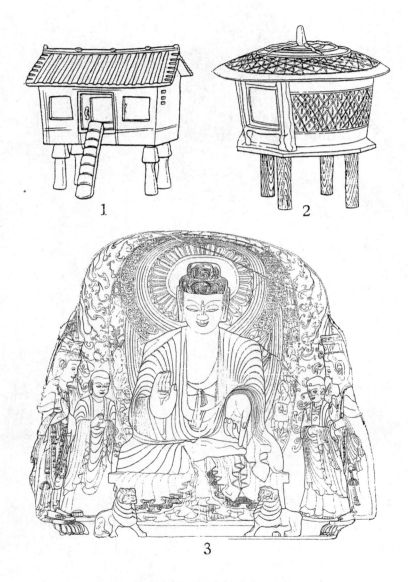

图四三 采用素描写生的方法记录文物形象图
1.汉代龙生冈"干兰"式建筑模型图 2.细冈模型图 3.龙门北魏佛像图

# 第五章

# 田野工作绘图的方法

在考古发掘工作中，遗址的地形，发掘区的各种情况，包括地层、遗迹、遗物分布及某些遗痕等，除了要照相和有详细的文字记录外，还要有各种规格的实测图，以便形象而准确地表现遗址的状况。

在田野工作绘图中，遗址的地形、地理位置及遗址墓葬图等的测绘方法与考古测量的关系较大，应在考古测量中详细讲授。此处为方便室内绘图，将简明扼要地把田野地下部分工作绘图加以叙述。

在田野考古工作中，应尽量选用最简便实用的仪器和方法。

## 一、测平面图时常用的几种方法

在田野考古工作中常采用的测绘方法有导线垂距法(又称坐标法)、平板仪射线法、距离交会法和方格米网法等。分别略述如下。

### 1. 导线垂距法

导线垂距法也称直角坐标法。这种方法应先测定一根导线（标准基线），而后测量出未知点至导线的垂直距离和垂足至导线一端的距离，把导线和测量的两个数值按一定的比例关系相应地缩绘于图上，即可得到未知点的图中位置。这是导线垂距法中的一种定点方法，利用这种方法操作简单，在比较小的范围内极为实用。下面以新石器时代黄河中游庙底沟二期文化的一座较为完整的房屋遗址为例，具体叙述其操作方法。

这座庙底沟F551号房址，是圆形半地穴式的，口略小于底，是在生土中挖成，房子的底径为2.7米，深1.24米，门朝东，有一个长方形的门道，长为0.74米，宽0.56米，并有一个高0.28米的台阶。居住面中央偏北处有一个支撑屋顶的立柱的柱洞，柱洞直径0.08米，深0.15米。房内墙面光滑整齐，部分经火烧过，呈灰白色的硬烧面。房屋周围距坑口约0.2米处残存着10个略向内倾的柱洞。柱洞在生土中，深达0.38米，呈圆锥形状，直径为0.09米。房西壁偏南高出居住面0.08米处有一个半圆形的壁炉深入墙中，高0.45米，宽0.4米，深0.5米。穴底铺一层厚0.4厘米的白灰面作为居住面，表面极为光滑。这是一座圆形攒尖式的房子。

①定基线：基线就是标准线。在观察F551号房址特征的基础上，选择适当的位置用皮尺定一条水平基线并视为坐标轴，如图四四所示，作为东西走向的基线，通过该基线能够测量此房址的各部位的未知点。

②选特征点：选特征点在野外工作中是关键。选择的特征点位置好才能绘出其基本面目。将能够控制遗址形状特征的点选定后，用钢卷尺逐点测量其坐标以获得坐标数值。特别要注意的问题是测量时点到基线(坐标轴)必须垂直且水平。图四四所示的特征点为该房址上口部位选定的特征点。

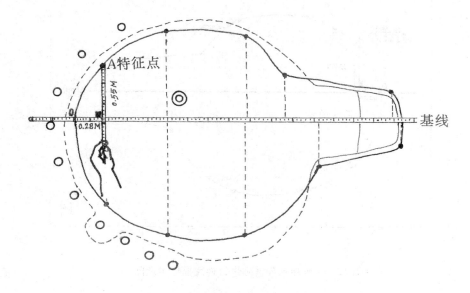

图四四 导线垂距法操作步骤示意图

③连线：按诸点测量的坐标数值，以一定的比例关系在坐标图纸上定点，然后通过各点连线。在以点进行连线时要认真观察遗址的实际弯曲度，然后进行描绘，千万不可盲目从事，图四五所示为该房址上口沿的情况。图四六为该房址全部测绘完毕后的平面图。

④垂足的确定：首先选择一标准基线，基线上一定要有刻度(系皮尺为基线)，另用一钢卷尺与基线垂直相交，左右移动钢卷尺，把卷尺与标准基线垂直相交距离最短之点定为垂足。例如图四七中，数值10单位处为垂足，因为相交于基线距离最短必成直角。

⑤加工整理清绘与复原：若要全方位地反映该房遗址的建筑结构和使用遗痕，在测绘房子平面图的基础上，可增绘剖面图。房遗址平、剖面视图彼此配合起来进行表示更为深刻。如图四八所示。

别外，对于典型的房遗址，为突出其结构特征，也可酌情绘制科学的复原图，其效果更加直观。如图四九所示。

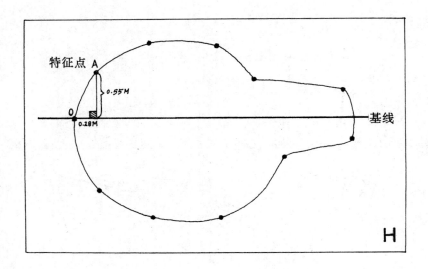

图四五 以坐标点为基础进行连线描绘示意图

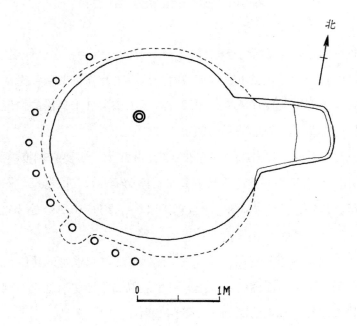

图四六 测绘完成 F551 房遗址平面图

第五章 ◎ 田野工作绘图的方法

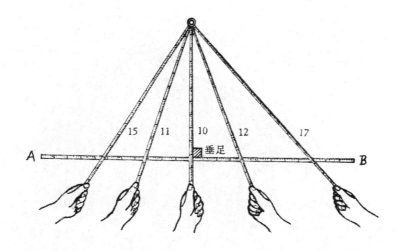

图四七 垂足的确定方法示意图

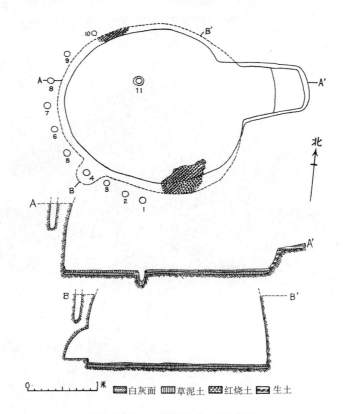

图四八 F551 房遗址平、剖面图

图四九 庙底沟龙山文化F551号房子复原图及剖面图
1. 剖面图　　2. 复原图

**2. 平板仪射线法**

用小平板仪来测绘一般遗迹的结构形状和小范围内的墓葬坑位是比较实用和方便的。由于在测量课上讲得很详细,这里就不多讲了。

**3. 距离交会法**

这种方法又叫三角集点法。操作步骤如下:

①定基线 AB,并量取 A、B 两点的刻度数值,如图五○所示。

②在 A、B 两点上分别插以钢针,系上皮尺向器物放置的方位徐徐展开,

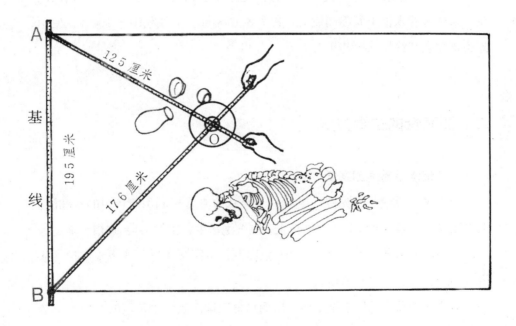

图五○ 距离交会法测绘示意图

并使之水平，皮尺相交于器物中心时，两皮尺则交于一点"O"，然后读出两皮尺相交的数值并记录下来。

③按记录的数值，以一定的比例关系在坐标纸上缩绘。先绘出基线AB，然后用分规分别以A、B为圆心，以AO和BO为半径做圆弧，两弧交于"O"点，"O"即为器物所在的位置。采用此法作图比较精确。但是两皮尺之交角不宜过大或过小。遇交角过大或过小时，可以把其中一个基点换掉，另外再选一个基点来代替它，而后，复用同法测量即可。

**4．方格米网法**

这种方法主要用于细部的测绘。遇有细节部分要进行描绘时，可在上面罩上一个"平方米网"，根据网上的方格便能在坐标纸上缩绘成图。方格网是在一米见方的木框上系绳而成的，其中各方格的尺寸均为 $10 \times 10 cm^2$。使用此法要注意基线的水平与垂直。

## 二、测高低的主要方法

**1．凭借水平基线测高低**

①定平、设线。首先拉一皮尺由A点找B点，可利用测量中的水准法。把水准仪（手提水准仪）放到平板上，使汽泡居中，朝A、B两点看，确定基点，分别插上钢针，然后使A、B两点以同样的距离下移，即得水平线（基线）。详见图五一（1）所示。

②凭线测量。凭借水平基线，用测尺量取地面到水平基线的距离并记录下来，这便是凭线测量。

**2．水准法**

假设一基线BO，B点为基点，B点至水平线的距离固定为1.5米，而后确定被测绘的目的特征点A、C、D，分别量取各点至水平基线的数值。所测得的数值都用B点至水平基线的距离1.5米去减。如图五一（2）测得：

A 高于 B，1.5 米 −0.7 米 = 0.8 米

C 高于 B，1.5 米 −2 米 = −0.5 米

D 高于 B，1.5 米 −2.8 米 = −1.7 米

这样就获得了处于水平基线上下的实际坐标数值。然后结合 AC、CD、DB 间在水平基线上的横坐标数值，即可按一定的比例关系在米格上缩绘出相应的图形。如图五一（3）所示。

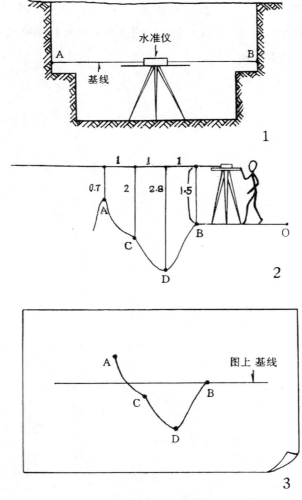

**图五一 测绘高低的方法示意图**
1.凭借水平基线测高低 2.采用水准法测高低
3.凭坐标值作图

## 三、剖面或立面图中坐标点的确定方法

1. 求横坐标

①在平面图中有其相应点时,自平面图投影。

②平面图中未反映相应点时,先自遗迹上进行实测,然后按一定的方法作图。

2. 求纵坐标

用测高低的方法测量(凭借水平基线或水准法均可)。测断面或立面图实际上就是采用导线垂距法。

# 第六章
# 遗址图

　　遗址是古代人们曾经生活居住的地方。在人类历史发展过程中，人们的居住环境是复杂多变的，遗址的种类很多，文化遗存也不尽相同。遗址中的遗迹和遗物，都在不同层面上反映当时古代人们的生活和生产的具体情况，对于我们研究与了解当时的经济情况和社会面貌都是非常重要的。所以，在遗址发掘的始终都要对遗址中的遗存（如房址、窑址、窖穴和水井等）和遗物（如生产工具、生活用品和装饰物品等）进行科学的记录。而考古绘图是记录遗址中遗存和遗物的重要技术方法之一。

# 一、考古发掘的作业方法

目前在遗址的发掘工作上，多采用探方的绘图方法，以前多采用探沟的方法。

## 1. 探方（沟）发掘

①为便于开展发掘工作，可首先对遗址进行分区，一般以400米×400米为宜。

②探方（沟）是田野发掘的基本工作单位，田野发掘中可根据文化堆积的实际情况选择不同大小的探方（沟）。一般来说，探方的规格有1米×1米、5米×5米、10米×10米几种。

1米×1米探方常用于旧石器遗址或新石器遗址中的石器加工场等特殊遗迹的发掘。一般采用小水平层的方法发掘。

5米×5米探方是遗址发掘中最常用的规格。

10米×10米探方常用于堆积现象简单或规模较大的遗址的发掘，如大型宫殿建筑、墓葬等。

③探方（沟）一般取正方向，并与遗址的三维测绘坐标系统保持一致。特殊情况下，如地形狭窄的沿江、沿河地区等可根据地势选择探方（沟）的方向。

④探方的编号系统应与遗址的分区和三维测绘坐标系统建立关联，编号方式应简捷，便于查阅。编号应按照"T+南北向编号+东西向编号"或"遗址分区号+T+探方号（南北向+东西向）"的样式编写，如探方"TS08W06"或"ⅢT7274"。

⑤探方发掘过程中要保留东边和北边各1米宽的隔梁，探方东北部1米×1米为关键柱。隔梁与关键柱可有效观察探方内地层堆积的变化，变化情况应及时在隔梁的剖面上标示清楚。发掘过程中，如果隔梁和关键柱妨碍了对地层和遗迹现象的整体观察把握，可在绘制剖面图后打掉。

如图五二所示，探方挖掘到出土时为止，经校对测量数据与图纸无误时，

# 第六章 ◎ 遗址图

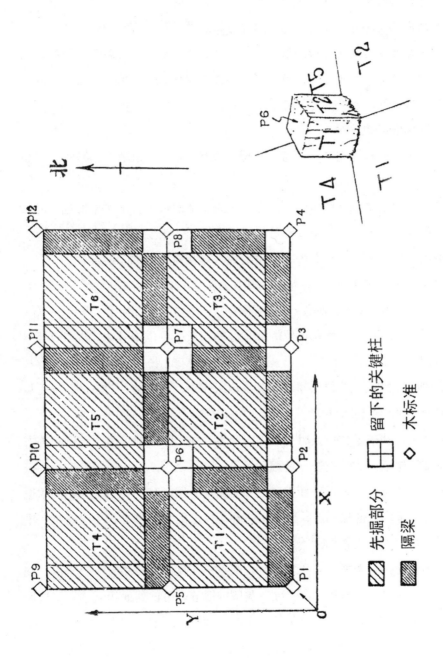

图五二 遗址布方、开方、开掘和标桩编码示意图

最后才可挖掉隔墙。在整个探方的发掘中，要严格按遗址地层关系和遗迹状况，全面而系统地进行记录，为室内对资料的整理和研究打下基础。

⑥探沟是探方的一种特殊形式。探沟发掘的主要目的是解剖、探察遗存的堆积层位关系，作业方法可参照探方。探沟深度超过2米，则需考虑留出便于出土的台阶，台阶宽度不应窄于1米。

**2.地层堆积的发掘**

①堆积单位和遗迹单位是考古发掘中观察、发掘、记录工作的两个核心概念。

堆积单位是发掘现场可区分的最小堆积，是田野考古工作中发掘、记录文化堆积的最小单位，一个堆积单位应独立填写一张发掘记录表。

遗迹单位由一个或多个堆积单位组成，是相对完整的功能单位。

②探方和遗迹单位符号一般采用其汉语拼音的第一个字的大写声母表示，如：T－探方（沟）；H－灰坑；F－房屋；M－墓葬；G－沟；J－井；L－路；Y－窑；Z－灶；Q－墙。堆积单位的编号应纳入遗迹单位编号中，如：H1①－灰坑H1填土第①层。

③判断不同堆积单位之间早晚关系应采用平、剖面结合的方法，可先从关系清楚的堆积单位入手。

④重要的遗迹单位应及时采取保护措施，视实际情况采取现场保护的方法，或切割搬迁至实验室进行发掘和保护。

遗址图的种类不外乎平面图和剖面（断面）图两种。其中剖面图即四壁的断面图，是确定地层构造，显示文化叠压现象的重要依据。平面图是在出现重要的现象或作至底部时所作的图。

作图的比例尺普通为二十分之一，简单、变化少的可用五十分之一，复杂的可用十分之一。房基、窑、灶、灰坑等遗迹，可依其面积大小酌情选用适当的比例。

## 二、遗址平面图的基本画法

平面图即空间物体在水平面上的正投影。画平面图一般采用导线垂距法（直角坐标法）。这种方法在小面积的遗址测绘中既方便又实用，要边测边画。只有测量准确，画出的图形才能正确。

下面以一个探方为例加以说明：

这个探方内涵丰富，文化层堆积较为复杂，但其相对年代均比较清楚。

在这个探方中，北部有一近代沟，南部为断崖。表层农耕土厚为0.25-0.30米，揭去耕土后，出现的主要遗迹有房基F1和破坏F1的灰坑H32和H1。

H32为一小圆坑，打破F9；其东壁稍打破F1。口距地表深0.25米，口径1.5米，坑深0.5米，坑壁整齐，底较平。

H1的口部呈椭圆形，打破F1和压在F1之下的M5。H1口距地表深0.25米，口径南北长4.4米，东西长3.8米，中部深0.6米，南部因填土下陷，深1.4-1.6米。中部底较平。

被H32、F1、M5和H35打破的有F9。F9基面距地面约0.55米，厚0.6-0.8米。此房建在生土上。

被F1和M5打破的有H35。H35坑呈长方形，东西宽约1米，南北残长2.3米，坑口距地表深0.55米，坑深1米，底不平。

依据此探方遗迹叠压的情况及对其内涵的研究推论认为：建在生土上的F9和破坏F9的H35年代属殷墟第一期；打破F9和H35，但又被H1打破，并被压在F1之下的M5，其年代属殷墟年代第二期；被H32和H1打破的F1可能与M5同时；而H32、H1都属于殷墟文化第四期，但两者之间似有相对的早晚。

作上述探方的平面图时，首先要选择这个探方的中间部位定下一条正南正北的标准基线，详见图五三（1）所示。并系一皮尺，视此皮尺为坐标轴，用钢卷尺按图五三中的顺序逐点量其坐标轴，钢卷尺、皮尺一定要垂直和保持水平。然后读出两尺相交于标准基线上的刻度和被测之点A至基线的距离。

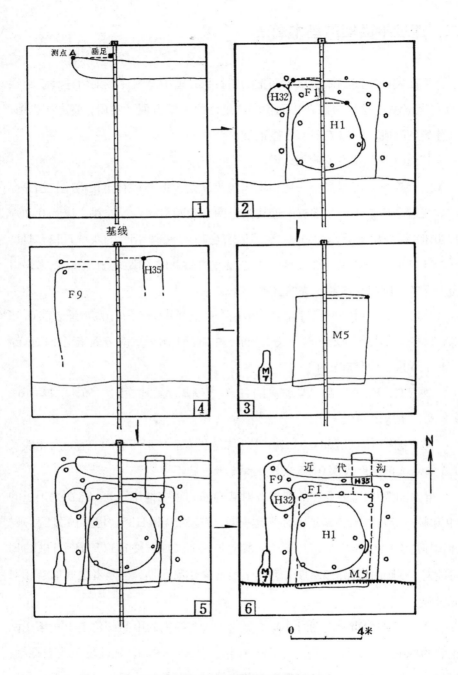

**图五三 遗址平面图测绘步骤示意图**
1. 在遗址平面中部设置一条基线（系上皮尺要水平，可水平下移），如图中（1-5）所示。 2. 测绘完成后去掉基线，如图（6）所示

根据这两个纵、横坐标数值，就可以在定好基线的坐标纸同一方向上定出该点A的确切位置。依此方法边测量边画，整个探方的平面草图即出，绘完平面图后，用橡皮将平面图基线擦掉，最后加以校对整理绘成该探方的正式平面图。详见图五三（6）所示。

在遗址平面图的绘制过程中，尤其要注意它的精确性，只有测量得准确才能画得精确。不管空间物体多么高低不平，基线与量尺始终都要保持水平和垂直。当测点低于水平线时可用垂球吊线。在以点连线时，要忠实于遗址的客观状况。

遗址平面图的基线最好采用正南北或正东西。如果不是正南北向，可以用罗盘仪测出正北方向和基线的夹角，再用量角仪在图上绘出指北针方向。

在遗址图中，遇有打破关系的现象时，被打破的部分在平面图上必须用虚线表示。

## 三、遗址剖面图的基本画法

为使工作便利，首先将被测绘的遗迹剖面铲平，并且把地层关系的界线和遗迹的范围用小铲划清楚或插以标签。然后在壁口上选择适当的部位定一条水平标准基线并系上皮尺，并视为横坐标尺度，如图五四所示。

图中A-A′为剖面的剖切部位。在测绘时同样采取导线垂距法，利用钢卷尺（或皮尺）和垂球量壁面诸特征点距离基线的高度，便得纵坐标数值。在水平基线的皮尺上可读出横坐标数值。然后在坐标纸上画出标准基线位置，按适当的比例尺定点，以点连线，便能绘出相应的遗址断面图。绘完剖面图后，用橡皮将剖面图水平基线擦掉。

各文化层的界线均可仿照此法。如遇较深的坑位可将原标准基线水平下移到恰当的部位并加以固定，此时图上的基线也要移到相应的位置。

在遗址剖面图的测绘中，如采用探方，在确定居址、灰坑、窑址等的剖

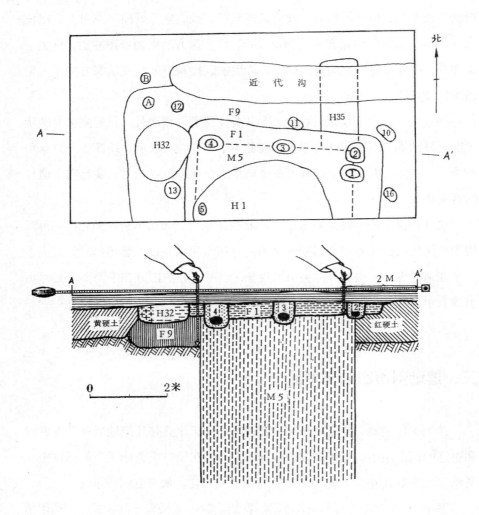

**图五四 遗址剖面图测绘方法示意图**
上 遗址平面图中A—A′为剖口部位标示
下 遗址剖面图中A—A′为剖口部位测量标准基线（视皮尺为水平基线）

截部位时，一定要选择能说明主要特征和较多问题的侧面。当用一个剖面不能说明所要说明的问题时，可以用两个剖面，甚至作局部剖面，如图五四所示。

遗址剖面图的意义在于揭示地层构造和显示文化层叠压的状况，一个好的剖面就是发掘的证明书。因此在测绘遗址剖面和平面时标准基面要完全吻合；比例关系要完全一致，否则画出的图形难免出现尺寸上的错误。

遗址地层和遗址剖面图等一般都是先用铅笔作图，而后在室内进行整理清绘。目前具体描绘的方法有两种：

**1. 利用图例表示**

在考古遗存中，有些是单一的文化堆积，有些是几种文化的相对堆积。在同一文化层的内含中往往夹有小的堆积层。要想表达它们之间的不同情况，就需要用图例加以区分，图例要依据图的具体情况，进行总体安排与考虑。层次要清楚，以简单、明确、省工为宜，首先在每一层之间用较粗的实线隔开，以表示文化时代的不同；在同一文化层中可用中粗的实线区分开不同的堆积。而各大层或大层中间的小层次的土色及其土质等以图例区别开来。图例用线要用细实线。详见图五五（2）所示。

**2. 利用单线表示**

这是一种不设图例的比较简单的方法，是利用单线条来绘制出文化层次的一种方法。同时代的大层以较粗的实线画出；同一大层中的不同土色或土质则用细实线画出，然后按顺序自上而下给予数字编号。依据数字编号在图后正文中排字说明层次内容即可，如图五五（1）所示。

**3. 关于图例设计**

图例设计的基本原则在于层次明确，构图简单，便于识别，切忌繁琐。由于地层堆积的复杂特征，目前在图例设计方面很不规范，一时也难于做到统一，但是在考古工作图中，有不少习惯应用土层图例，如果将这些习惯用的图例相对规范化，无疑对考古工作是一种便利。图五五（3）所示，为习用地层图例，仅供学习参考。

**4. 遗址堆积单位形状的表示**

遗址堆积单位形状是多种多样，千差万别的。但堆积形状归纳起来不外乎包括水平状、坡状、波状、凹镜状、凸镜状，其他。具体描绘时要依客观形态认真求实地表示。详见图五六（1）所示。

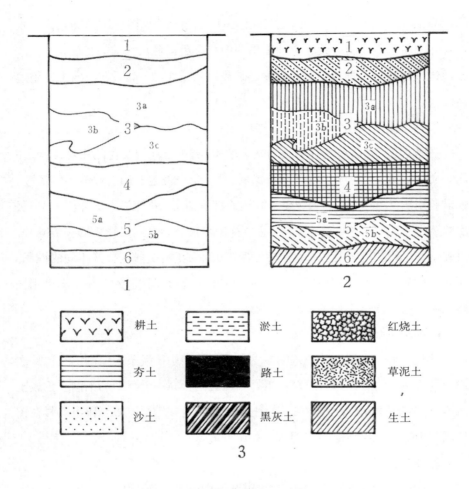

**图五五 遗址堆积情况的表示方法与地层图例示意图**
1.利用单线表示 2.利用图例表示 3.地层图例示意

### 5.遗迹单位形状的表示

遗址单位形状是复杂的，千奇百态的。在描绘时要从遗迹平面着手，按口部、剖面形态、壁面、底部、底面等顺序步骤进行观察分析，有了深刻认识之后，细致入微地进行测绘表示。

遗迹单位形状的描绘要注意以下部位的表示。

①平面形状：如圆形、椭圆形、方形、长方形、条形、不规则形等。

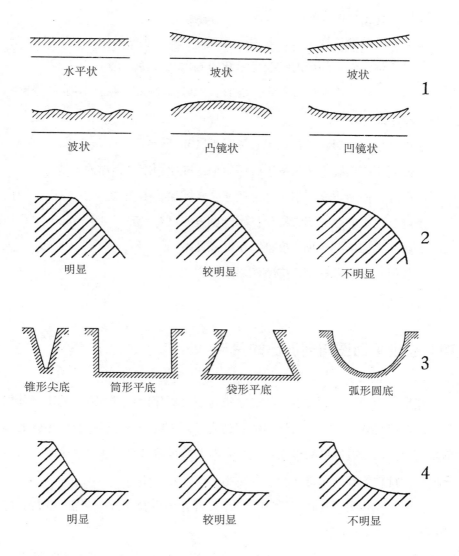

图五六 遗址堆积形状和遗迹单位形状的描绘示意图
1.堆积形状的表示 2.遗迹单位口部边缘形态的表示
3.遗迹单位剖面形状的表示 4.遗迹单位底部形态的表示

多边形要求描绘转角，如圆角长方形。

多边形和不规则形应绘示意图。

②口部：描绘边缘状态，分为明显、较明显、不明显。

遗迹单位口部边缘形态描绘见示意图五六（2）所示。

③剖面形状：用锥形、筒形、袋形、弧形和尖底、圈底、平底等分别描绘壁部和底部。

遗迹单位剖面形状描绘见示意图五六（3）所示。

④壁面：描绘有无加工痕迹、倾斜度或陡缓程度、粗糙或光滑。

⑤底部：描绘边缘形态，分为明显、较明显、不明显。

遗迹单位底部边缘形态描绘见示意图五六（4）所示。

⑥底面：描绘有无加工痕迹、粗糙或光滑。

⑦其他：如果是柱洞，描绘倾斜角和方向。

## 四、遗址平面图与剖面图的关系

遗址平面图与剖面图的描绘必须符合正投影原理；同一遗址的平面与剖面比例选用要统一；同一层位的图例或编号要一致，尺寸要吻合，用线的类别要一致。凡属看得见的线用实线，看不见的线用虚线。遇有打破关系的情况时，被打破的部分用虚线表示其范围。

下面以郑州大河村遗址T5探方为例。此探方内窖穴分布密集，互相有打破关系。

如图五七所示。第五期的H21、H22打破H23，同时又都打破第四期的H24、H25。描绘这样的互相打破关系的遗址平面图与剖面图时，必须认真对待，突出主要特征，要注意绘图的角度和视图的选择及剖切线位置的安排，来不得半点的马虎，否则难免出现错误。

# 第六章 ◎ 遗址图

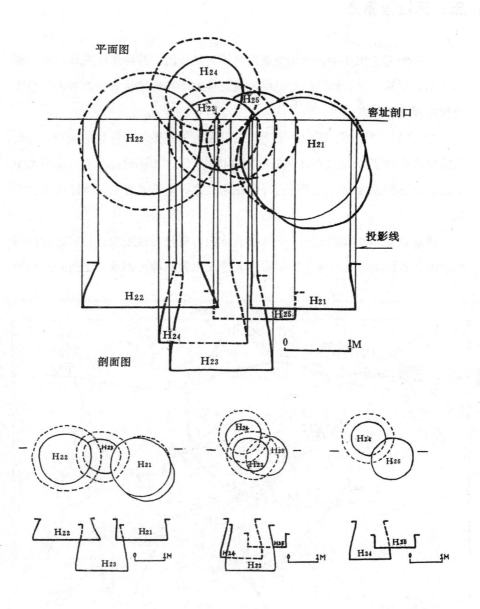

图五七 窖穴遗址互相打破平、剖面投影关系图
上 窖穴平、剖面投影关系图 下 窖穴分解关系三组视图

## 五、遗址位置图

在田野考古工作中，遗址位置图是不可缺少的，其中包括遗址位置实测图、示意图等。它们的目的是说明发掘遗址的确切地理位置，为考古学研究提供可靠的资料。

绘制遗址位置图，图中必须含有公开发行的地图册中标定的城镇，一般县级单位即可(县级单位在地图册中均可找到)。以其为相对标准点采用距离交会法，对发掘地点确切位置进行补绘标定，这样便于读者了解遗址的基本方位。

遗址位置图轮廓的大小，要依据具体内容有针对性地取舍，不要盲目照搬地理位置详图。凡与考古发掘报告或论文无关的均可删减，使图面简明扼

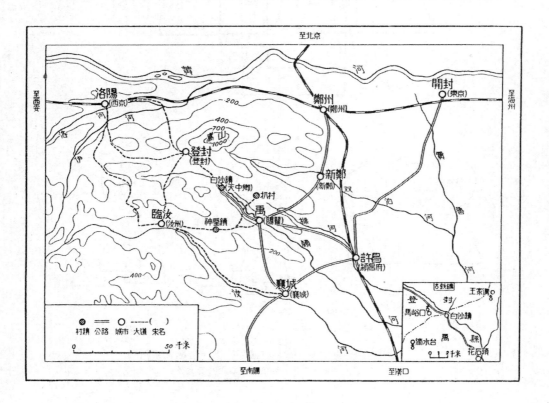

图五八 白沙宋墓遗址位置图

要，重点突出。

遗址位置图中，各种符号及文字标注等详见本书第二章第五节中的第2段和第三章第六至七节即可。

遗址位置图中用线问题，可按选用比例尺大小的不同酌情处理。在小比例尺地理位置图中，河流与道路等可用单线勾勒，不过河流上游宜用细线，而中、下游宜用渐粗的线，线条粗细可以有差别，不要求均匀一致；道路用线要求粗细一致且光滑圆润。在大比例尺图中，河流上游宜用细线单勾且由细渐粗。中、下游采用双勾线的方法，双勾线要求保持平行一致。如图五八为白沙宋墓遗址位置图。这幅遗址图选图位置正确，图幅适宜；主题突出，白沙遗址居中；交通道路方位明确，城镇河流等文字标注大小层次得法而清晰；清绘线条流畅，粗细有度而富于变化。

总之，不管采用何种方法描绘遗址位置图都必须遵循考古绘图的基本原则，如果绘出的图使读者不得要领，就失去了它的最终目的。

## 六、遗址分布图

遗址的种类很多，内涵也不尽相同。遗址中保存下来的各种遗迹、遗物，都反映古代人生活的状况。因为遗址发掘在考古发掘工作中占有首要的地位，所以任何发掘地点都要绘制遗址分布图。它的目的在于说明该发掘区域内的总体情况。如果是居住遗址则作为探方的分布图，主要介绍探方坑位及遗迹在各探方中的具体分布。如果是墓地则作为墓葬的分布图，其意义在于说明发掘区墓葬的分布及墓葬的分期与布局。当然这方面的情况是十分复杂多样的，作图时要目的明确，酌情掌握。

如果一个遗址面积较小，遗迹比较集中，内涵又比较简单，只绘一幅坑位图即可，遗址坑位图中要明确标示探方编号及绘出遗迹基本轮廓。如图五九（上）77T4。

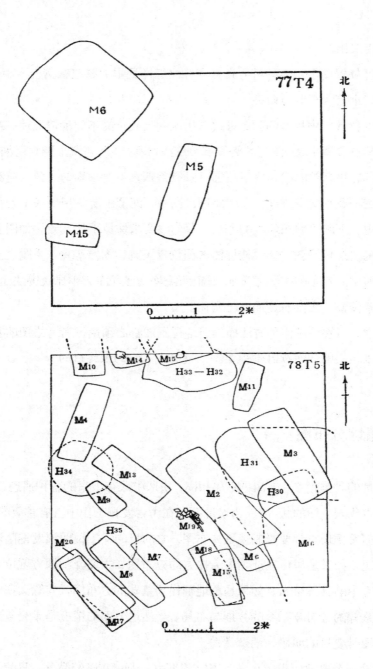

图五九 宝鸡北首岭发掘探方坑位遗迹图
上 第Ⅳ发掘区77T4平面图（内有墓葬3座） 下 第Ⅳ发掘区77T5平面图
（内有墓葬18座、灰坑6个，而且有相互打破关系的现象）

遇有遗迹层次虽然较多，但彼此叠压或打破关系并不十分复杂时，如表现在一幅图中能看清楚，那么最好不另增加图幅。如图五九（下）77T5。

但是一定注意图中的用线问题，凡属看得见的轮廓线要用实线描绘，被打破的轮廓线用虚线标示。另外由于遗迹层次较多集中于一幅图中，探方标号、墓号，决不能遗漏，否则影响说服力。如图六〇（1）为原图，漏画线又漏墓号（M20被M16打破的部分未画虚线；打破M11、M12和M13的M2的"2"字漏写）。图六〇（2）是修正后的平面图，正确合理具有科学性。

如果遗址或墓地发掘区域较大，遗迹多且分散，难以用一幅分布图表示清楚，就要采取分幅的方法进行表示。分幅要依据发掘遗址自然形成的区域分割，不过在分幅之前，首先要绘制该发掘遗址探方的总图。总图为遗址分布图的纲要，其作用是分幅图之索引。因此要求总图简明扼要，探方的全部位置与编号、分界线的划分等均要如实标示，各分区内若配置相应字母或标注文字加以说明，图面就会更为明显清晰。下面以宝鸡北首岭遗址为例进行讨论。

北首岭遗址是一处内容丰富，保存较好的仰韶文化村落遗址。遗址总面积达6万平方米，发掘总面积为4727平方米。遗址的发掘分为六个区，共开探方178个。其中Ⅰ区位于遗址的北部，开方54个。Ⅱ区位于遗址西部，开方4个。Ⅲ区位于遗址的中心，开方6个。Ⅳ区位于遗址的东部，开方3个。Ⅴ区位于遗址的东南部，开方45个。Ⅵ区位于遗址的东南部，在Ⅴ区的正南，开方66个。在遗址发掘中发现房址50座、灰坑75个、墓葬451座等。出土陶器皿900余件，其他生活用具、生产工具及装饰品等遗物5000余件。

另外，各区仰韶文化堆积内涵是不同的。Ⅰ区、Ⅱ区和Ⅴ区主要有房址；Ⅲ区主要有路土和窖穴；Ⅳ区和Ⅵ区主要有墓葬。各区地层堆积的一般情况是：第一层为近代地表层；第二层为汉代扰乱层；第三层以下是仰韶文化堆积。但也有个别区的近代地表层下即为仰韶堆积，或在汉代层下还有一层西周时期的拢土层。由于堆积内涵不一，所以各探方具体分层不完全一致。但是，依据地层叠压情况和出土遗物分析，仰韶文化堆积基本上可分为晚、中、

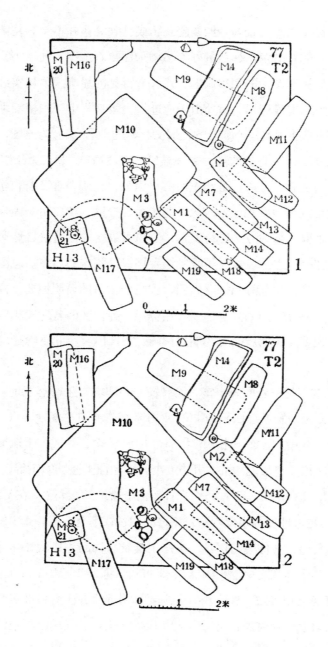

图六〇 北首岭77T2探方坑位遗迹原图与修正图的比较
1.原图遗漏虚线与墓号（M20被M16打破的部分未画出、打破M11、12、13的M2未标字号） 2.修正后的平面图

早三期。

综上所述，北首岭遗址的丰富内涵，很难用一幅遗址分布图表示清楚，必须采取分幅的方法。图六一为该遗址全部发掘探方的总图。

这幅总图中，对北首岭遗址的整体范围，遗址东部的断崖地形，遗址发

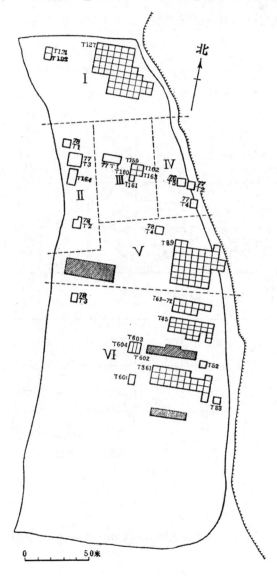

图六一 宝鸡北首岭遗址发掘区坑位总图

掘区的分区界线及分区大写编号、遗址发掘探方的位置及其方号，遗址的方位及比例尺等都作了具体的描绘和明确的标注。有了这幅浓缩得十分精练的总图，为绘制各分幅图工作创造了良好的条件。

分幅图要在总图的基础上，根据报告内容中的具体需要，本着少而精的原则，有针对性地进行绘制。总图为纲，分图为目，要作到纲举目张，决不能发

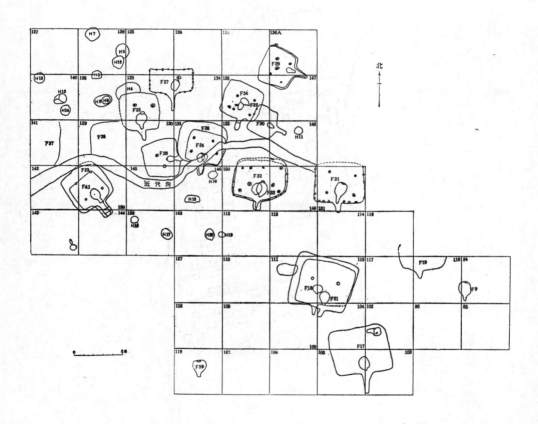

图六二 宝鸡北首岭第一发掘区遗迹平面分布图

生矛盾。各分幅图的作图要求,表示方法与单幅遗址分布图要完全相同。图六二为北首岭Ⅰ区52个探方中仰韶文化22座房址和17个窖穴的平面分布图。

如果采用了分幅分布图,尚难表达清楚遗址中遗迹的彼此叠压或打破之复杂关系,也可以采取分层绘图。

但要从实际需要出发,不在万不得已的情况之下,决不轻易增加图幅。分层绘图的作图方法与原则如同前面所述。

以上列举的仅为某一发掘地点的遗址分布图。若要在更广泛的区域内说明某类或某些类型遗址(遗迹)的分布情况,作这种图,也要充分利用现有的地图进行图廓的截取,并在相应地理位置上定点,用图形符号分门别类地标示

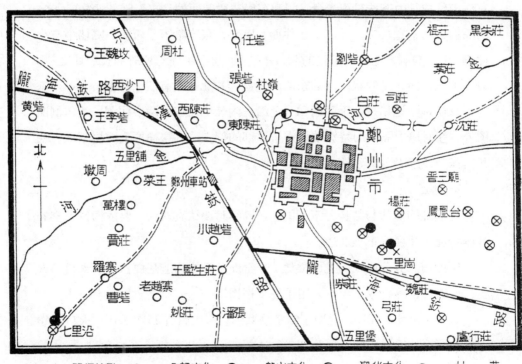

图六三 郑州附近新石器时代及殷代遗址分布图

在该点上。要注意图廊大小适宜,图面均衡、整洁、简明扼要。如图六三所示为郑州附近新石器时代及殷代遗址分布图。

## 七、各类型遗址、遗迹图举例

### 1. 房遗址

图六四是仰韶文化半穴居3号圆形房址。直径5米,屋基是凹入地下的坑,穴深不到1米,坑壁即作墙壁,墙周围也有圆形或半圆形柱洞,墙壁用草泥土作成,内壁抹得很光滑。门开在南边微偏西处,宽1米,高约1.5米,两隔墙之间南宽北窄。且高于居住面5厘米。东墙略短于西墙。隔墙中有小柱洞,东边的洞多长方而两边的洞多不规则。房子中间部位有一瓢形灶坑,周边高出居住面,呈脊状。灶的东西两侧近旁和北边共有四个柱洞。

该房址除选用一个平面图和一个沿房内灶坑及东西两个柱洞一线作剖面图外,并对房内隔墙的特殊结构作了局部的剖视图。这样更全面深刻地反映其内涵,使读者一目了然。

### 2. 窑址

窑遗址的形状与结构各不相同,在描绘时要认真对待,要依据每个窑的具体特征选择视图正确表达。

例如图六五为庙底沟龙山文化1号窑址。窑的构造是由窑室、火口、火膛、火道及窑箅构成。为此采用了三个视图。

其一,窑址平面图。说明了窑室呈圆形,窑上面有25个火眼,火口紧靠窑室的两面,近椭圆的窑顶为半球的造型。

其二,窑址剖面图。说明了火膛作长方形竖穴,火道、火眼的纵面形态和窑壁红烧土的厚度及范围。

其三,窑址火道平面图。说明了火道分作八股由火膛向上通入窑室的底部。中央有三股火道,而左右两股又分成了3至4股,火道的长短、宽度不等,

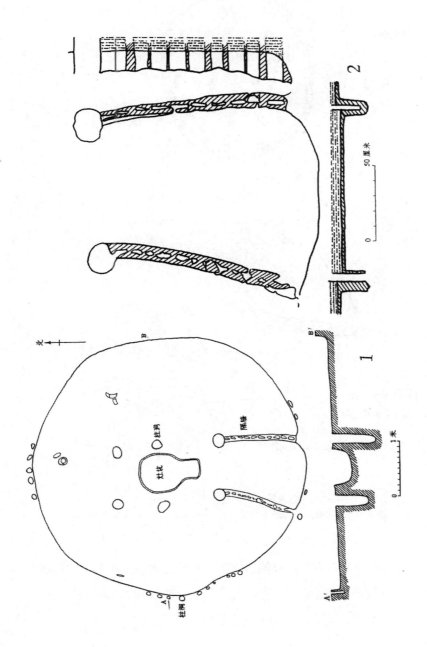

图六四 房遗址平、剖面视图的选用示例
1. 仰韶文化圆形房遗址平、剖面图 2. 房遗址局部墙纵、横剖面图

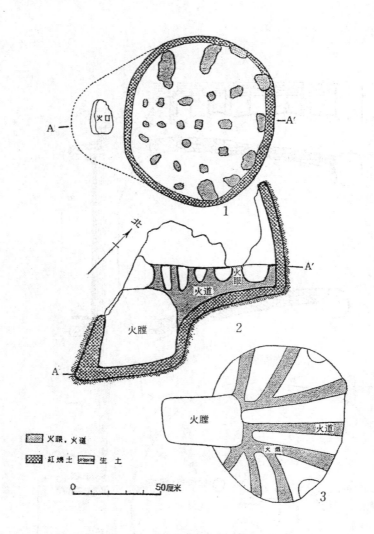

**图六五 窑遗址平、剖面视图的选用示例**
1.庙底沟龙山文化1号窑址平面图 2.窑内结构剖面图 3.火道平面图

在左右两股火道的算上还有半圆形的浅穴洞,可能是火道填塞所留的痕迹。

通过以上三视图,将窑址的结构描绘得十分清楚,同时又标注了比例尺、指北针和图例,使窑遗址的组合图更臻于科学与完美。

### 3.水井

水井遗址的形状与结构千差万别,在绘图时要酌情选择视图,把井最突出的特征表示出来说明问题即可。下面以西周、春秋时代的水井为例进行分析。

图六六（1）为口大底小的长方竖井，仅局部是圆筒形状。南北两壁有脚窝。西壁有洞龛。该土井口部似长方形，唯南边不甚齐整，近口50厘米处壁较直。口东西长240厘米、南北宽105至158厘米。

口下深约50厘米处，四壁内收成比较规整的长方形。长200、宽86厘米。自此以下，南与北壁竖直而下，至最下一对脚窝处改为筒状直壁，再下则缓缓内收，直达井底。东壁从上到下微内收，颇为平整。唯两壁有一洞龛，龛以下内收很明显。

洞龛为弧顶，顶距坑口240厘米。洞龛颇大。底甚平，平面为椭圆形，南北长292厘米、进深约145厘米、龛口部高110厘米（即龛底距井口350厘米）。与龛底在同一平面之上并与之相接的是龛前平台。东西长52厘米，即西壁由此突然向东收缩52厘米，使井下部东西缩短。自此以下西壁状况与东壁相同。

圆筒部分从最下一对脚窝开始，向下深约220厘米，直径约110厘米。壁面亦较平整。

圆筒状之下又改为长方竖井状，上部长101厘米、宽92厘米，底部（即井底）长82厘米、宽54厘米，这部分深212厘米。井底较平。脚窝见于筒状部分以上，共13对。最上一对距坑口60厘米，脚窝间距25—50厘米。各自大小相若，一般宽20厘米、高10厘米、深11厘米。

井的周壁大部分光滑平整。似仔细修治并长期使用。自口至底深1110厘米。

依据该井的特殊形式，选用一个平面图和纵、横剖面图表示正确。平面图提示了井的上口大小的景观和至井底的范围，而剖面图则从不同的侧面，充分地反映出这个长方竖井的内部结构特征，三视图选择比较合理，井的造形明显而突出，是比较不错的线描图。

图六六（2）也是一个长方形竖井。壁颇直而光滑平整、底较平。南北两侧壁有对应的脚窝15对，最上的一个距井口53厘米，最下一个距井底32厘米。脚窝间距25—45厘米。各脚窝尺度大小相当，一般宽13厘米、高8厘米、深8厘米。

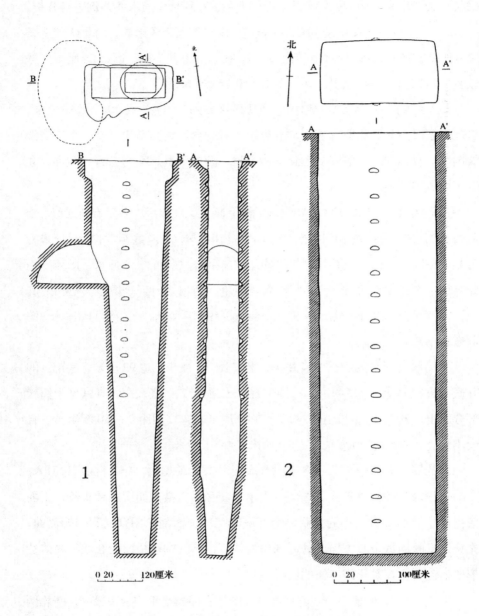

**图六六 井遗址的视图及描绘图例**
1. 天马—曲村春秋时期的长方竖井有龛、有脚窝的三面视图
2. 天马—曲村西周时期的直壁有脚窝、壁光平底井的二面视图

本井口与长宽相近，残存深度672厘米。

由于此井形状与结构比较简单、工整且对称，采用平面与剖面两视图表示得很恰当。

**4. 窖穴（灰坑）**

窖穴（灰坑）遗址的形状与结构，有直筒形、方形、长方形、袋形、锅形、椭圆形、梯形和不规则形等。在进行描绘时可酌情选择视图。除比较复杂的窖穴可适当增加视图外，一般都采用一个平面图和一个剖面图即可。如图六七所示。

其中（1）为长方竖井式窖穴。形制规整，四壁竖直而且光滑平整。西壁挖有一洞龛，龛前至坑底有一台阶，两侧壁有四对脚窝。坑口长156厘米、宽75厘米。坑底长132厘米、宽75厘米。坑深335厘米。

由于该窖穴形状与结构比较复杂，选用了三面视图进行表示。平面图提示窖穴的上口的形状和坑的范围；A至A′剖面和B至B′剖面图从不同的侧面提示了洞龛的方位与大小、龛前至坑底台阶的高低和四对脚窝的间距以及深度等内涵结构。描绘准确，线形合理。

其中（2）为直筒形窖穴。仅用上视和剖视图，就把圆口、直壁、平底的造形特征表示得很到位。

其中（3-5）均为袋形窖穴。内涵不尽相同，但都选用平、剖两面视图表示。（3）为袋形窖穴。方口底大、平底，是个周壁修整很平齐的穴坑。（4）中的窖穴是口径与底径相差悬殊的典型袋形穴坑。内壁不平整而坑底甚平。描绘得恰到好处。窖穴图（5）有力地将圆形口、斜壁凸底，底部中间突起呈圆弧状，其底周围下凹呈环沟状及底径大于口径的结构，给予了忠实的记录。

综上所述，要画好遗址图，首先要测量得法，数据准确。标注方向和比例尺。视图选择正确，符合投影原理。用线要科学到位，适度利用绘图技巧，突出重点。文字叙述与遗址、遗迹完全统一一致，否则难以符合专业性的基本要求。

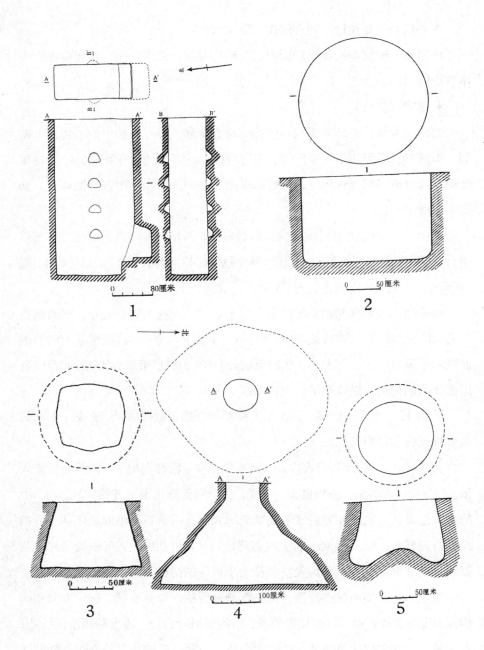

图六七 窖穴遗址的视图及描绘图例

1.长方竖井式窖穴的三视图 2.直筒形窖穴二视图 3—5.袋形窖穴二视图

# 第七章

# 墓葬图

古墓葬和古居址在研究人类社会历史方面是互相补充的,古居址是人们在世时生活的地方,而古墓葬却是人们死后埋葬的遗迹。墓葬的史料价值是很重要的,所以对发掘墓葬的记录图要给予足够的重视。

墓葬的类型较多,如一般的土坑墓、大型土坑墓、砖室墓、岩洞墓、石室墓等,本节仅以常见的土坑墓和砖室墓为例进行介绍。

在一般情况下,一个墓葬要绘制一个平面图和一个剖面图,复杂的墓葬可酌情增加视图。墓葬的测绘方法与遗址图基本相同,主要采用简单实用的正投影法,也有个别特殊的墓葬采用透视投影法来表示它们之间的结构关系,但这类图画起来比较复杂,故不做专门性介绍。仅以禹县白沙宋墓和汉代空心砖室墓(如图六八所示)和洛阳烧沟空心砖壁画墓(如图六九所示)的透视图为例供学习参考。

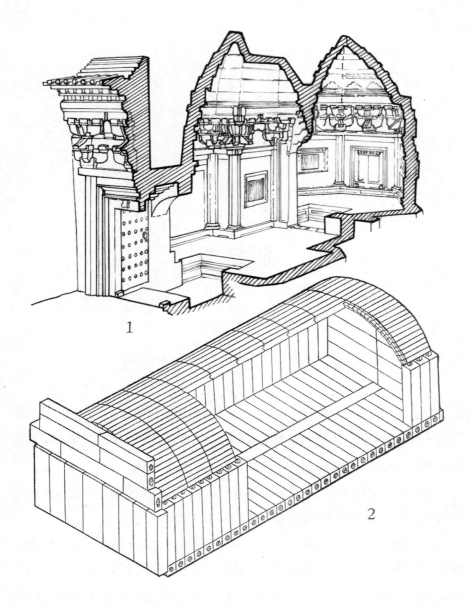

**图六八 墓葬透视投影示意图**
1.禹县白沙宋墓剖视图 2.汉代空心砖墓轴测投影剖视图

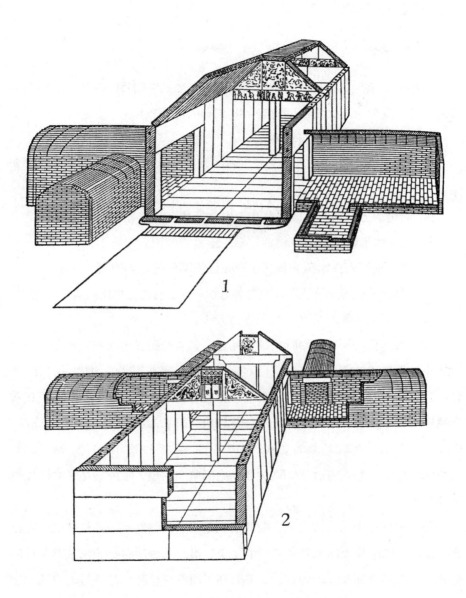

图六九 洛阳烧沟M61墓室透视图
1.由东向西透视图 2.由西向东透视图

# 一、墓葬分布图

发掘一个墓地，首先要绘制一幅墓葬分布图，它的目的在于介绍整个发掘区墓葬的具体分布，也有同时表示其墓葬的分期布局的。

表示墓葬分布的方法目前有：

1．在墓地发掘区的探方中表示墓葬轮廓并标注墓号和方号。如图七〇所示。

2．简化探方方格网络表示墓葬轮廓并标注墓号。如图七一所示。

3．用人体形象代替墓葬轮廓并标注墓号。如图七二所示。

4．用图例符号表示墓葬及其分期并标注墓号等。如图七三所示。

一个墓地的墓葬分布图，采用何种方法表示，一定要根据内容酌情掌握。下面以大汶口新石器时代墓地为例进行分析。

这块墓地面积大，使用时间延续相当长，从发掘墓地面积中看墓葬多数分布于发掘地点的西半部，尤以西南部最密集，仅在揭露的5400平方米中，就有墓葬133座，因为埋葬过于密集和先后时间的不同，其中有十二组墓葬有叠压与打破现象。有三组各有三座墓，如M15的东端，压着M33的西南角，而M33又打破了M62坑墓的右侧。M121同时打破M132和M133。M61同时被M16、M32两墓所打破，M32破坏了它的整个右壁，M16破坏了它的左壁下角。

从墓葬的分布与打破关系、随葬器物组合、形制特点上比较研究，推论此墓地的133座墓大体可划分早、中、晚三类。欲表达这个氏族公共墓地的墓葬分布及其分期布局的内容，如采取利用图例符号并标注墓号的方法绘制该墓葬的分布图，则会恰到好处，充分体现出用较少的视图说明较多的问题的原则，如图七四所示。

# 第七章 ◎ 墓葬图

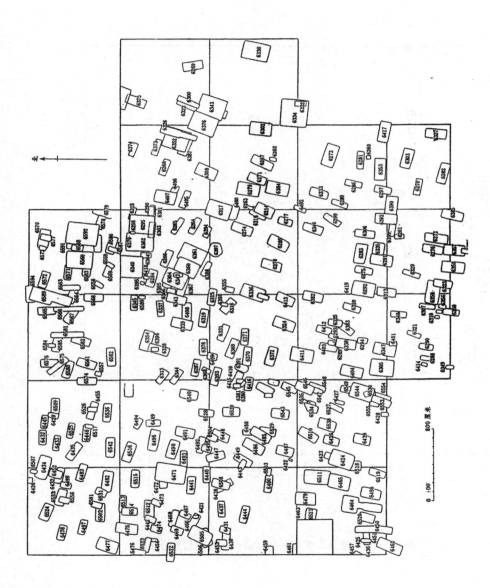

图七〇 在探方中表示墓葬轮廓并标注墓号的墓葬分布图

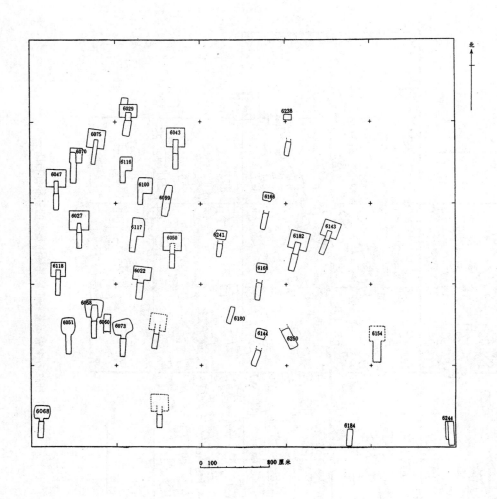

图七一 采用墓葬轮廓标注墓号简化方号的墓葬分布图

# 第七章 ◎ 墓葬图

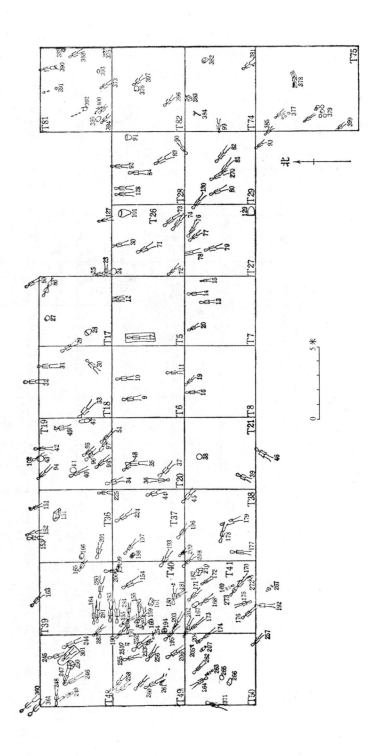

图七二 采用探方中以人体形象代替墓葬轮廓并标注墓号的墓葬分布图

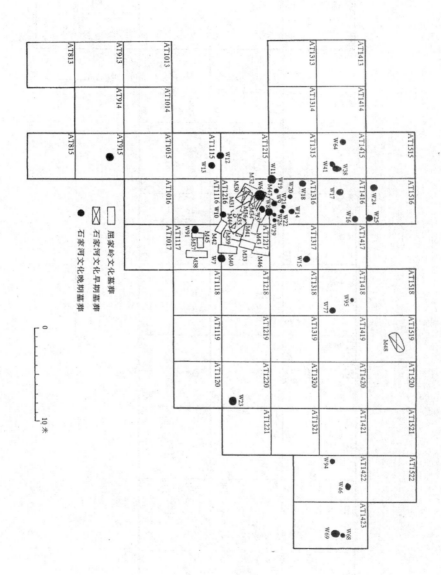

图七三 采用图例法标注墓号表示墓葬的分布图

第七章 ◎ 墓葬图

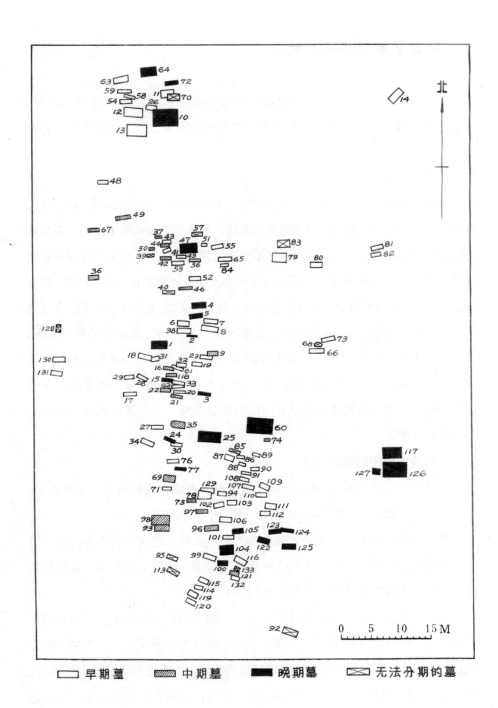

图七四 大汶口新石器时代墓地墓葬的分布图

## 二、墓葬平面图的基本画法

墓葬平面图是墓葬在水平投影面上的正投影图。每个墓葬都要绘制一张，它是必需的科学资料。平面图的比例一般采用二十分之一，较复杂的墓葬平面图可用十分之一。

### 1. 测绘方法

墓葬图的测绘方法与遗址图的测绘方法基本相同，一般都采用导线垂距法，边测边画，要画得准确，关键是测量要准确。具体测绘步骤如下：首先在墓口选择最佳部位，定一条水平基线，并系上皮尺且拉直，视皮尺为基线（亦称坐标轴），用钢卷尺和垂球按照先墓口后墓底的次序分别测量各特征点的纵、横坐标数值，然后按一定的比例关系于坐标纸上同步定基线、定特征点。在以点连线时要凭着视觉以写生的方法完成整个墓葬图形，通过复查，修正即可作为底图。

在整个操作过程中，时刻要注意测尺与基线是否水平与垂直；测尺与基线最好都从端点"0"度开始读数，既方便又不易出错；简单的墓葬设一条水平基线即可，遇有比较复杂的墓葬可酌情增设基线。另外基线也可以水平下移，以方便测量。

### 2. 墓葬平面图的表示方法

墓葬的大小悬殊很大，如陕西咸阳杨家湾汉墓墓口面积就达几百平方米，墓深有二十余米。一般遇到的则是一些中、小型土坑墓。

很简单的土坑墓，基本上就是个长方形竖穴坑，也有利用废弃的窖穴坑作为墓坑的，类似这种小土坑墓徒手画单线即可。如图七五所示。构造复杂的大型墓葬可借用规、尺、板画线进行描绘。

画墓葬平面图时，不论墓葬的大与小、构造的复杂与简单，凡属看得见的轮廓线一律用实线表示；凡属看不见的隐蔽线都用虚线表示。当然线型要分出粗细，例如墓口最外轮廓线要画较粗些，而内部的轮廓线则要画轻细些，同一条轮廓线上的实线与虚线要画得粗细一致。墓葬有二层台、腰坑和壁龛等等，这些都要在平面中正确表示出来，详见图七六和图七七所示。

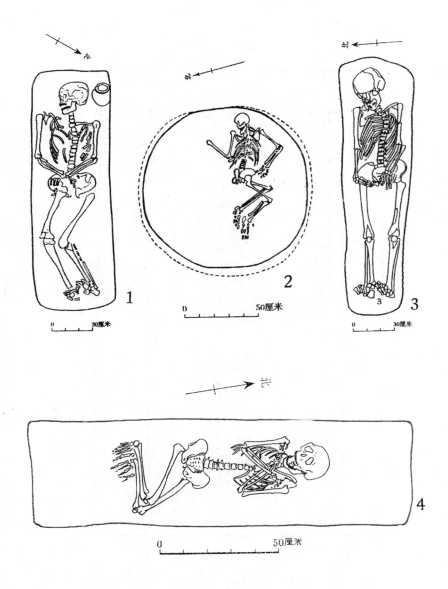

**图七五 简单土坑墓宜徒手画单线表示**
1. 长方形竖穴土坑（仰身屈肢葬） 2. 圆形窖穴坑（仰身屈肢葬）
3. 长方形竖穴坑（仰身直肢葬） 4. 长方形竖穴坑（仰身屈肢葬）

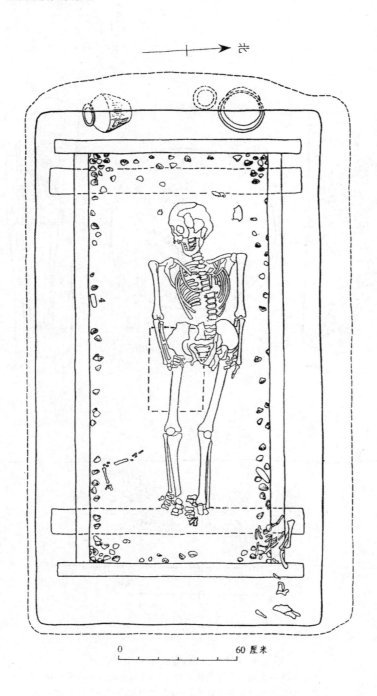

图七六 墓葬平面图用线的原则及方法

1.墓口采用较粗实线 2.墓内可见轮廓线用细实线 3.凡隐蔽的轮廓线用细虚线

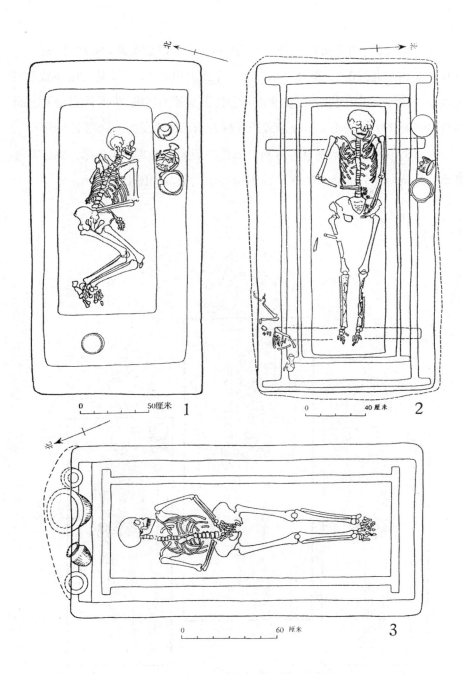

**图七七 墓葬平面图的线描图例**
1. 长方竖穴圹，有二层台，单棺。侧身屈肢葬。
2. 墓口略小于墓底，二棺一椁，有垫木。仰身直肢葬。
3. 长方竖穴圹，北部有壁龛，单棺。仰身直肢葬。

所谓壁龛,是在墓葬的墓壁向外掏挖的洞,一般放置器物或兽类祭食等。这些都要如实进行表示。壁龛外型线在平面图中用虚线表示,龛内随葬品用实线或虚线均可,但我们认为用实线表示会使图面更为清晰。同时注意壁龛上面的墓口线要用实线画出,不表示或用虚线表示都是错误的。如图七八所示。

另外对墓葬的墓壁垂直与倾斜、墓道的形式等也要如实表示。总之要将墓葬的结构特点和遗迹遗物在平面图中表示出来。如图七九所示。

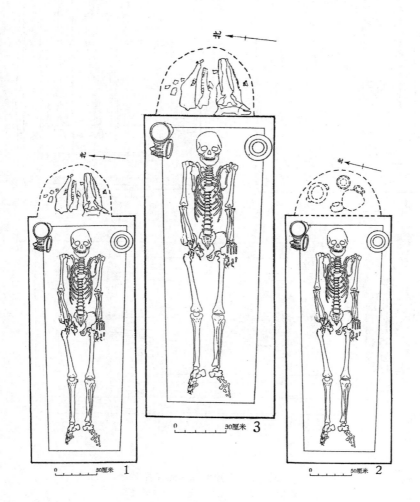

**图七八　墓葬平面图中壁龛及随葬物的表示**
1.墓口留空白不正确　2.墓口画虚线不正确　3.墓口画实线正确合理

第七章 ◎ 墓葬图

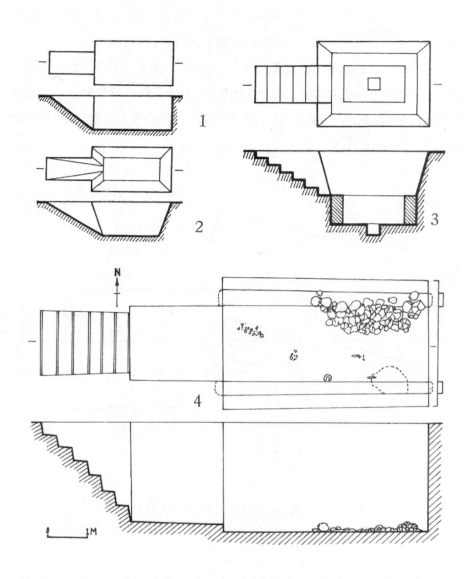

图七九 墓壁与墓道形状在平、剖面图中的表示
1.垂直墓壁斜坡墓道 2.倾斜墓壁斜坡墓道 3.垂直墓道壁阶梯墓道
4.垂直墓壁阶梯式倾斜墓道

### 3.墓葬尺寸及方向的表示方法

墓坑的尺寸主要用比例尺表示，极个别的墓坑有时也标注具体的数值。表示方向是用指北针。以上两项在绘制墓葬图时绝对不能遗漏。

墓葬记录方向应取墓道或墓门的方向为墓向。有些不带墓道的墓葬从图中不易分辨，可在墓内用箭头标示。如图八〇所示。M354和355墓内箭头所指为墓门方向；M356为墓道方向（图中M354、355为东汉墓打破了M356战国墓）。

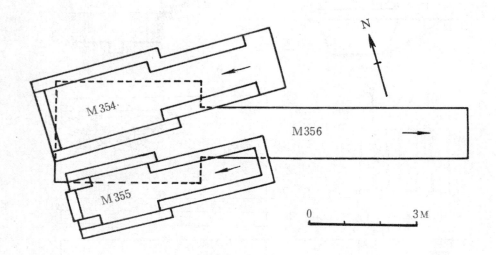

图八〇 不易分辨的墓葬方向可在墓内用箭头表示

如果没墓道或墓门的墓葬，应顺殉葬人的头向测其墓向，头向不清的以放置随葬器的一端为准测量。在墓葬图中标示方向的指北针或比例尺避免画在墓口内，否则会误认墓口线为图框线，如图八一中的处理均不妥。

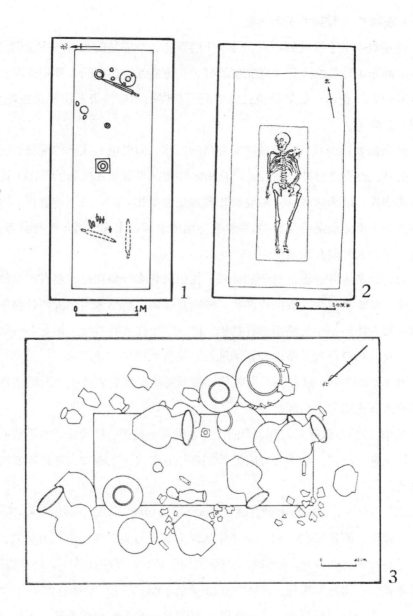

图八一 指北针与比例尺不宜画在墓口内
1.指北针不宜画在二层台上  2.指北针不宜画在墓底
3.指北针与比例尺不宜画在墓内

### 4. 墓葬中人骨架的表示方法

在墓葬中由于葬式的不同，骨架千姿百态，有完整的也有不完整的。在墓葬平面图中完整的人骨架或完整的部分应画实线。腐朽的人骨架或腐朽的部分要用虚线表示，如果骨骼已经变成了灰烬则用虚线表示出其范围即可。如图八二所示。

如果需要记录葬式，就应该对骨骼的形状、向背进行认真的观察。把仰身、俯身、侧身、直肢、屈肢，以及头向和面向等现象在理解的基础上进行具体的描绘，因为这些具体的现象与葬式是密切相关的，决不能忽视。例如肩胛骨在上面无疑是俯身葬，肩胛骨在下面或膑骨在上面无疑是仰身葬等等。如图八三为人骨骼葬式示例。

总之，考古墓葬图是科学的资料，在记录死者骨骼图时，要有严格的科学态度。测量要得法，数据要详实，描绘要准确。当然考古用人体骨骼图决非像医用人体解剖学骨骼图那样精确，但一定要按其葬式将人体骨骼的结构特征，及其相应位置关系比较正确地在其墓葬坑位中记录下来。

如图八四所示，就是新石器时代比较简陋的土坑竖穴墓出土时的情形和线描殉人葬式的科学实录。

其中（1）为仰身直肢葬，面向上，左手置于股旁，持獐牙，右手放右股上，腕上有一石铲，头上方置陶器等。墓长方竖穴，东西向，墓口不甚直整有弧度。

（2）为单人，葬式是俯卧直肢，面朝下，头向西，双臂下垂压在身下，双手各握獐牙，两足并在一起，少许葬器置于脚下与头上部。墓长方竖穴。

（3）为侧身直肢葬，面向右，左手微向前伸，右手压在身下，均持獐牙。左腿伸直，右腿略微弯屈。器物放于二层台上面。

（4）为侧身屈肢葬式，头东脚西，面朝北，左手弯曲在胸前，下肢弯曲特甚，脚跟紧贴臀部，作蹲踞状。墓口长方形，方向90°。

以上四座墓葬平面图，对不同的葬式描绘得相当细致入微，也比较准确地对墓葬的结构也作出了客观的表达。

第七章 ◎ 墓葬图

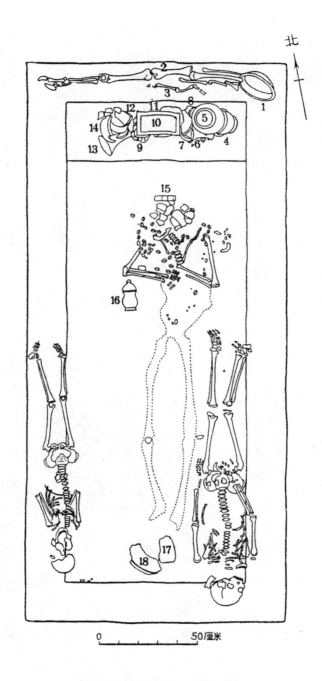

图八二 墓葬中腐朽人骨骼的表示

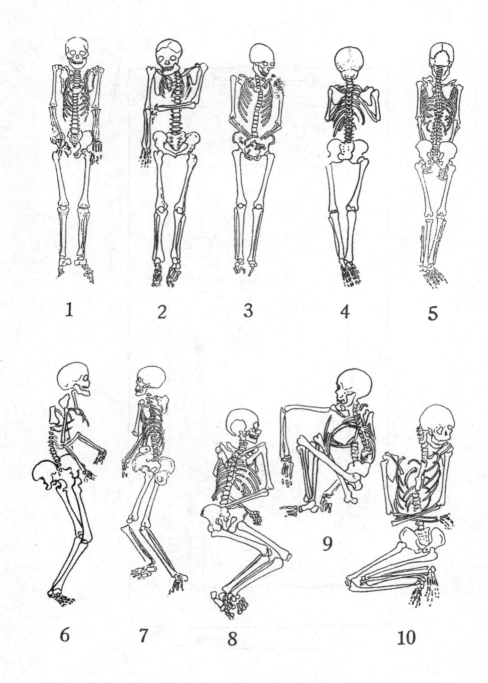

图八三 殉人骨骼葬式图例
1—3.仰身直肢 4—5.俯身直肢
6—7.侧身屈肢 8—10.侧卧屈肢

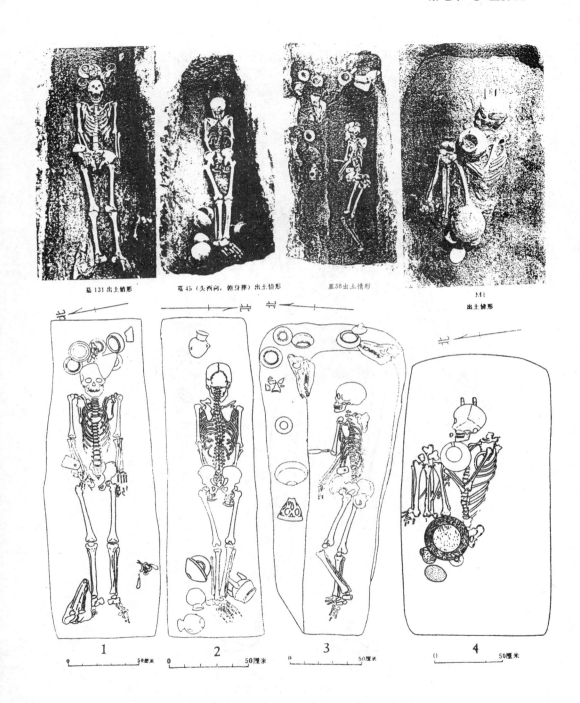

图八四 墓葬出土情形与殉人骨骼的描绘图例
1.仰身直肢葬 2.俯身直肢葬 3.右侧身葬 4.侧身屈肢葬

为了加深和掌握一些人体骨骼主要组成部分的基本知识，我们选择了人体骨骼全图供学习参考，如图八五所示。

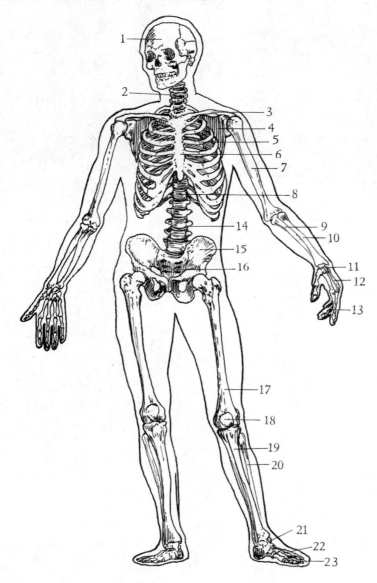

**图八五 人体骨骼图**
1.颅骨 2.颈骨 3.锁骨 4.肩胛骨 5.肋骨 6.胸骨 7.肱骨 8.胸椎 9.尺骨 10.桡骨 11.腕骨 12.掌骨 13.指骨 14.腰骨 15.髋骨 16.骶骨 17.股骨 18.髌骨 19.胫骨 20.腓骨 21.跗骨 22.跖骨 23.趾骨

**5.墓葬中随葬器物的表示方法**

墓葬中随葬器物的位置及其相互间的关系、器物放置的方式都应按正投影的原理进行记录绘图。如果器物之间遇有叠压现象时,看得见的器物外形轮廓线用实线表示,看不见的部分用虚线表示。如图八六所示。

如果遇有较小器形,如佩饰、玩具、珠子、贝壳等等可统一编号,标出它们的位置,用文字加以说明。倘若需要,也可以加绘局部放大视图,所加绘的图之大小以能清楚表示原状为宜。

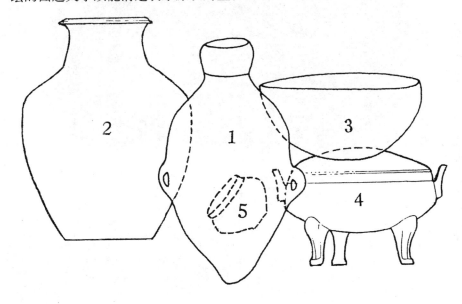

图八六 随葬器物叠压状况的表示
1.小口尖底瓶 2.大陶罐 3.陶钵 4.陶鼎 5.小陶罐

墓葬中随葬器物的种类和数量极不平衡,多寡悬殊。少的只有一两件简陋的器物,一般的墓为一二十件;随葬品多的五六十件,甚至达一二百件,而且品类繁多,器形大小不一。为了更清楚地反映随葬品在墓葬中的分布,也可采用统一编号表示的方法,大件器物绘器形并标号,小件器物以号码标出其确切位置,附文字加以说明。若遇合葬墓,人骨架也应编号。如图八七所示为新石器时代大汶口 M35 男女合葬墓底平面清绘图。

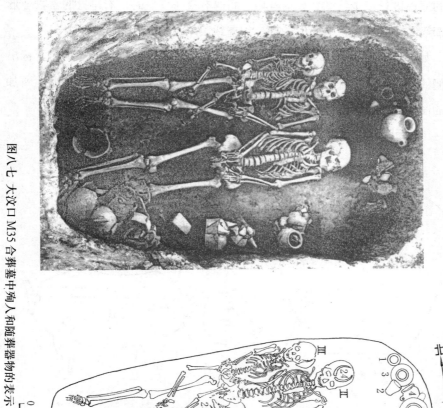
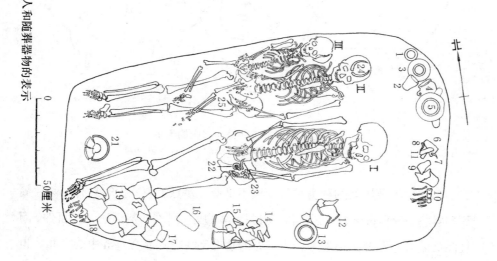

图八七 大汶口 M35 合葬墓中殉人和随葬器物的表示

## 三、墓葬剖面图的基本画法

墓葬剖面图和平面图一样，要求绘制出每个墓葬。如果墓葬结构简单，随葬物和殉葬人骨骼都在墓底，同属一层，墓葬填土又单纯的，剖面图就可以省略。如果情况复杂，像马王堆一号墓就必须绘制剖面图。一幅剖面图不能反映其全貌时，可增绘几幅剖面图(横面、纵面)来充分表示其结构特征。如图八八。

**1．各侧面的表示方法**

墓葬剖面的绘制，有的是在发掘过程中分层绘制，有的可在发掘完后一次绘制，但不论分层绘还是最后一次测绘，都应以平面图为基础。凡是平面图上有其相应点时，可自平面图上各点引平行线，便可作为墓葬剖面图中各相应点的横面坐标，然后自水平基面向下测量出墓底或器物所在深度，其数值便是纵面坐标数值。依据纵、横坐标值，便能定出各相应点，然后以点为基础，观察客观状况，用写生方法连线。凡属看得见的棱线画实线，看不见的棱线画虚线。剖口线宜用粗实线，墓口线次之，内部线宜用细线。填土二层台内用向右倾斜的细实线。

**2．剖面图位置的选择**

剖面图位置的选择，须视具体情况决定，但一定要选择能说明主要问题或较多问题的侧面：同一座墓葬的横剖面与纵剖面图应采用同一种剖面符号表示。在同一报告中的墓葬图，图例符号都应力求统一，其相应位置要彼此吻合。详见图八九所示。

遇一般长方形墓坑，侧面和剖面所居部位的表示方法可以用字母标注，如标以"西侧剖面图"等。遇到复杂的墓葬则要与平面图配合起来表示，并在平面图中绘出剖割部位。如图九〇所示。

在该部位及其剖面图上应标以相同的字母以便互相对照，使人一目了然。总之绘制墓葬剖面图和绘制平面图一样，须将其形制特点和遗物如实反映出来。

## 四、墓葬平面图与剖面图的关系

墓葬平面图与剖面图之间，应该特别注意以下四种关系：

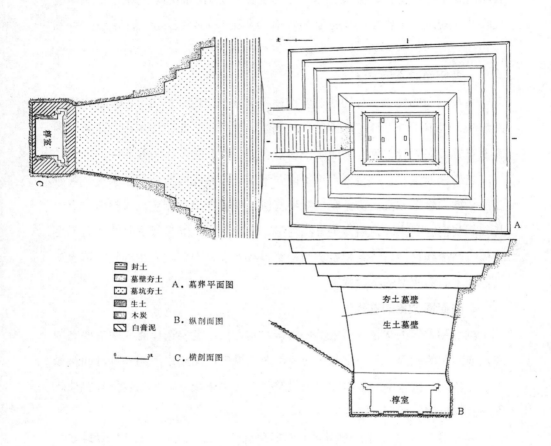

图八八 马王堆一号墓平面和纵、横剖面视图

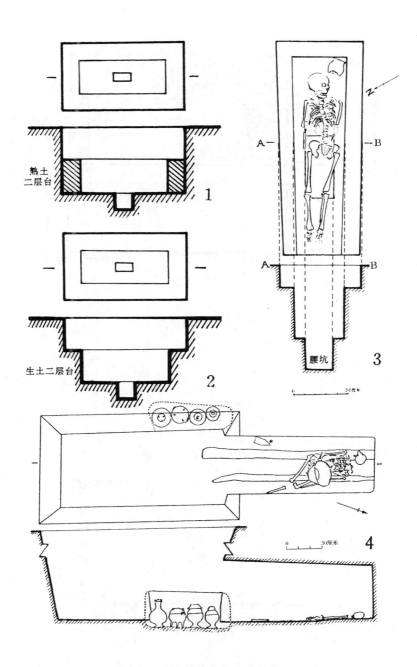

**图八九 墓葬剖面图位置的选择及其表示**
1.熟土二层台 2.生土二层台 3.墓葬剖面图与剖切部位的关系示意图
4.墓葬平、剖面图中壁龛的表示示意图

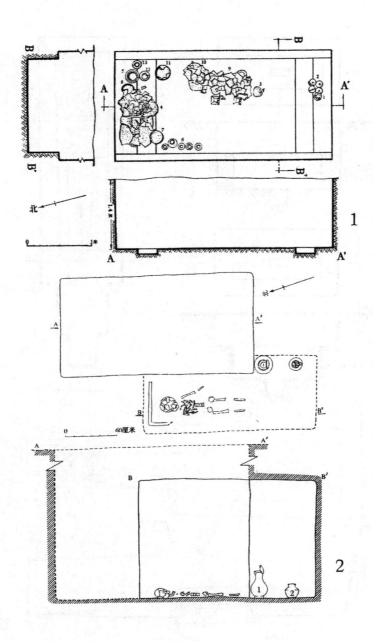

图九〇 墓葬平、剖面视图彼此配合表示图例
1.土坑竖穴墓平面和纵、横剖面三视图 2.洞室墓平、剖面视图

1. 尺寸：同一墓葬平面图与剖面图选用的比例尺要统一（各部位的尺寸要吻合）。详见图马王堆一号汉墓平面、纵剖和横剖面图。

2. 结构：同一墓葬平面图与剖面图在形制结构描绘上要统一。详见图九一所示。

3. 葬式：葬式应完全统一。如图九二（1）、（2）所示。

4. 器物放置方式必须统一。如图九二（3）所示。

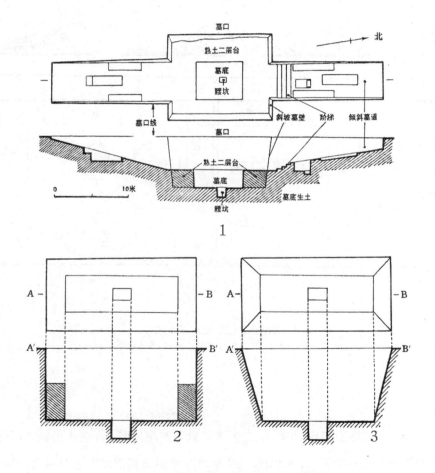

图九一 墓葬形制结构在平、剖面图中描绘示意图
1.殷墟武官村大墓形制结构示意图 2.垂直墓壁平、剖面示意图
3.倾斜墓壁平、剖面示意图

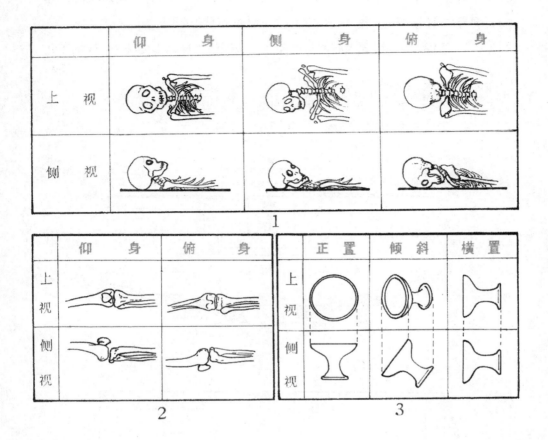

图九二 投影关系示意图
1.头骨投影关系图 2.髌骨投影关系图 3.器物投影关系图

总之,在描绘墓葬图时,一定要遵照以上四项原则,否则线条画得再好,也不符合专业性的要求。如图九三所示墓葬平面图和剖面图之关系表示得就很正确、合理、到位。

第七章 ◎ 墓葬图

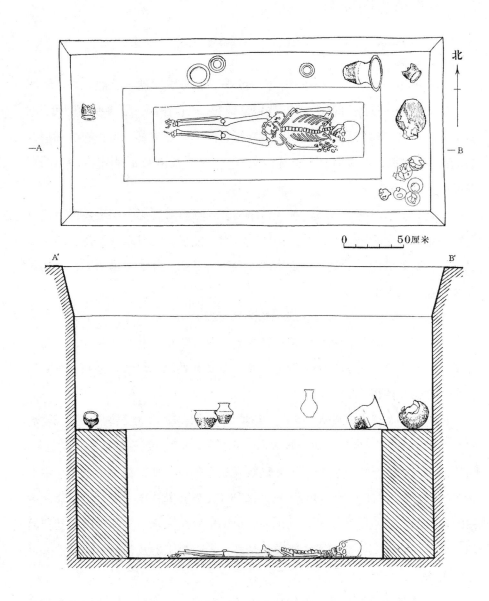

图九三 墓葬平面图与剖面图的投影关系示意图

## 五、各类墓葬图举例

### 1. 土坑墓

如前所述,土坑墓大小悬殊,内涵各异。比较简单的土坑竖穴墓,随葬器物和人骨均在墓底,同属一层,结构单纯的,只须绘制一幅平面图即可,剖面图可以省略。如果是结构复杂、内涵丰富的大型土坑墓,就必须绘制剖面图,用一幅剖面图难以概括其全部内涵时,可增绘几幅剖面视图(横、纵剖面)来说明其结构特点。

总之,要对墓葬的葬具、葬式、结构及其随葬器物等一切重要遗迹进行详实的记录。这种记录可以在发掘中一次测绘完成,也可以在发掘过程中分层绘制。墓葬剖面图的测绘一定要以平面图为基础,并注意采用同一比例尺和保证投影关系的正确性。

下面以殷墟妇好墓和长沙战国墓为例进行分析。

①妇好墓（M5），墓圹作长方竖井形，墓底略小于墓口，墓东、西壁中部于二层台上方各挖有长条形壁龛一个。墓底有熟土二层台，墓底中有腰坑一个，如图九四所示。

该墓圹中，至少有殉人十六具。墓圹填土分层夯打，层层埋有随葬器物。整个墓圹中随葬器物多达1928件（不含小件），其中仅铜器就达460件之多。随葬器物丰富而且组合完整，主要陈放在五个部位，即：墓室填土中（由上而下约六层）、椁顶上层、椁顶、椁内棺外（大型青铜礼器大部分出于靠近木椁的东、西、北三面的位置）和棺内。由于棺椁深入水下，椁顶以下随葬器物的位置，除大、中型铜器的比较清楚外，大部分玉器及其他器物仅能知道一些大概。

根据该墓随葬器物多，部位分布又广的特点，很难用一幅平面分布图表示清楚，若依次按层位表示则图幅又显然过多。而妇好墓发掘报告却能恰到好处地仅用四幅平面视图就说明了该墓比较复杂的随葬器物分布情况。其处理方法是以层位为基础，有分又有合。图面效果一清二楚。妇好墓发掘报告

第七章 ◎ 墓葬图

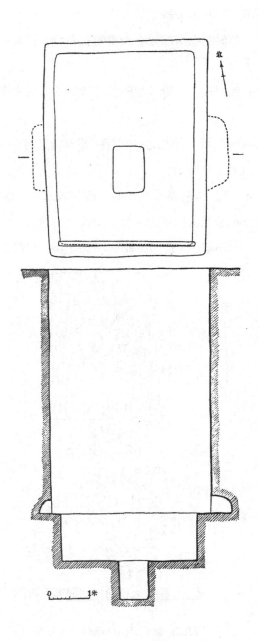

图九四 妇好墓M5平、剖面视图

是一个很好的范例。其具体分幅情况如下：

填土第6层，在墓室中南部放有大量重叠器物，因此采用单幅绘图，如图九五所示。

填土1—5层，相对而言，此5层随葬器物较少，合并为一幅，如图九六所示。

椁顶上层和椁顶平面，两者之中既有随葬器物又有殉人和殉狗等，因此采用合并绘图，如图九七所示。

墓底，东、西、北三面随葬大型器物，因深入水下，器物位置比较清楚，因此以大型铜器分布示意图的形式单绘，如图九八所示。

在土坑墓中，一切遗迹现象都要表示，墓圹内的棺椁除完全腐朽的外，其

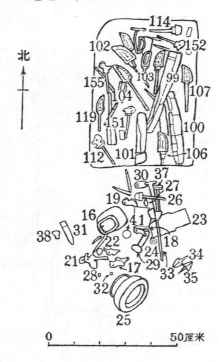

**图九五 第6层部分随葬器物分布图**

16.玉盘 17—19.石鸟 21、22.小骨刻刀 23.玉援铜内戈 24.玛瑙珠 25.石豆 26.骨笄 27.大海贝 28.玛瑙珠 29、30.陶埙 31.铜戈 32.玛瑙珠 33.铜丁字形器 34、35.铜镞 37.骨笄 38.玉戚 41.铜镜 99—101.象牙杯 102—104、106、107、112、114、119、151、152、155.骨笄

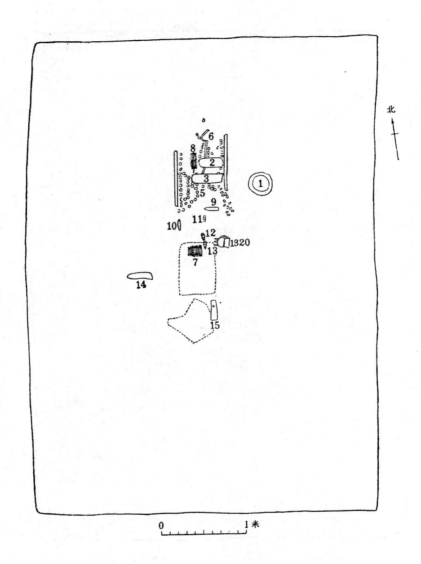

**图九六 第 1-5 层随葬器物分布图**

第 1 层: 1320 (后补号) 陶爵; 第 2 层: 1.玉臼; 第 3 层: 2.鸮纹石磬 3.石铲;
第 4 层: 5.小铜泡一组 6.铜工形器 7.骨镞一组 8.骨镞一组 9、10.铜戈 11—13.玉器
形饰; 第 5 层: 14.玉戈 15.玉圭; 虚线部分表示第 6 层随葬器物分布位置

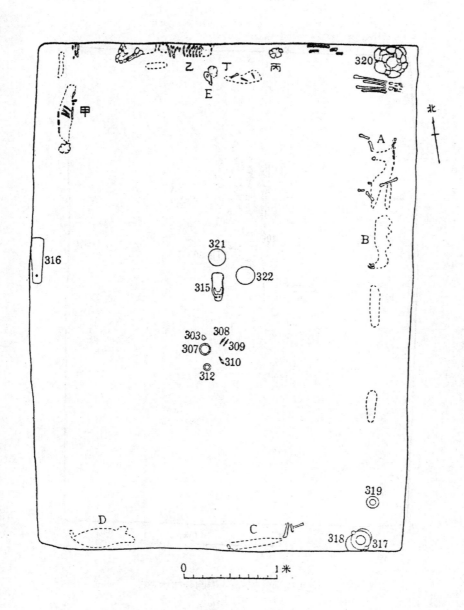

**图九七 椁顶上层及椁顶平面图**

椁顶上层：甲—丙.殉人；丁.人头；A—E.殉狗；303.陶埙；
307.玉圆箍形饰；308—310.铜镞；312.绿松石片；315.石牛；
316.小石磬；317.铜罩；318.铜尊；319.硬陶罐；320.铜尊。
椁顶：321、322.玉簋

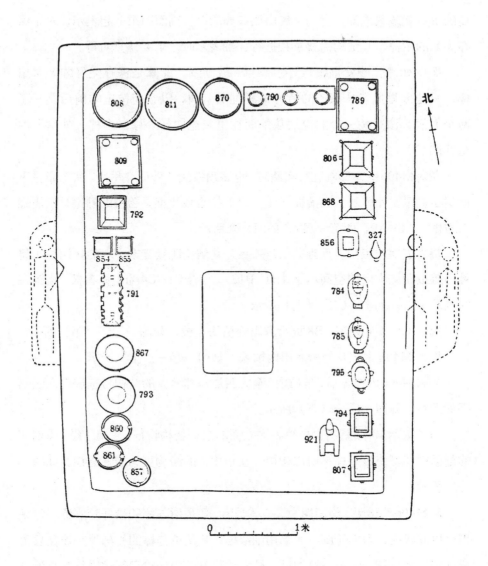

**图九八 墓底大型铜器物分布示意图**
789.大方鼎 790.三联甗架 870.连体甗 811.盂 808.大圆鼎 806、868.方尊 856.方罍 327.觥 784、785.鸮尊 795.壶 794、807.方壶 921.石鸱鸮 809.大方鼎 792.方尊 854、855.方彝 791.偶方彝 867、793.圆尊 860、861、857.圆罍

他的决不能疏忽遗漏，它们一般由该墓葬的平、剖面图来一起表示。对于保存完好的棺椁，其结构需要单独进行详细表示时，则要认真对待。

②例如"长沙发掘报告"中 M406 战国墓。此墓是保存完好的多层棺椁，只是因盗掘者从墓道的后方掘洞进入墓内，以致将椁室的前后掘开了两个方洞。该墓按一般的说法从外面往里叙述即为外椁、内椁、外棺、内棺共四层。

在对 M406 棺椁形制进行实测时，也必须按次从外面往里面，从上面往下面层层揭示：外椁由五块横板（A1–A5）拼合成平面，盖板的外边，四周绕以方框（A6–A9，即第一层）。如图九九所示。

揭去五块盖板后，见到第二层盖板，其结构比较复杂，它的作用在于将外椁盖板四壁中间的空间填平（B1–B12）。另外 C1–C4 为内椁盖板，横铺在内椁的顶上，如图一〇〇（上）所示。

揭去 C1–C4 及 B1–B8 板后露出外棺的盖板，如图一〇〇（下）所示。

揭去 M406 木椁及外棺露出内棺盖，如图一〇一（上）所示。

揭去 M406 内棺盖后，是棺内。至此四层棺椁套置的结构特征展现在这幅平面图中。如图一〇一（下）所示。

为了揭示 M406 墓四层棺椁各侧立面的组合结构特征，采用了纵、横剖切的剖面视图，使该墓榫铆凹凸相接、互相压抑的结构更为清晰易识，如图一〇二所示。

从 M406 墓诸平、剖面图中，不难看出，凡是棺与椁的最外轮廓线一律采用略粗的线描；内部轮廓一律采用细线描；凡是棺与椁的构部件一律按层位分别标注字母符号；棺与椁的纵、横木结构剖面内一律用细线描绘其自然年轮线等。由于处理方法得当，使图面层次清楚，明白易懂。

当然，若对该墓棺、椁的构件作更详细说明，就要耐心细致地逐件进行测量绘图。总之，考古绘图在视图及视图的选择上与考古报告或论文的内容是密切相关的。

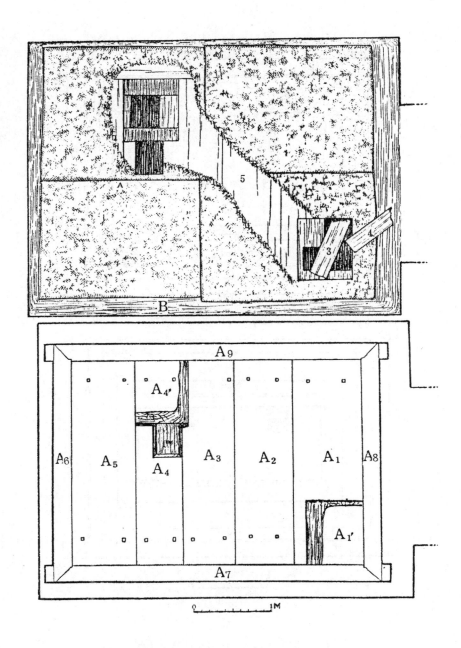

**图九九 长沙 M406 号墓棺椁结构图之一**
上 M406 椁顶盗洞情景 下 M406 木椁第一层盖板结构

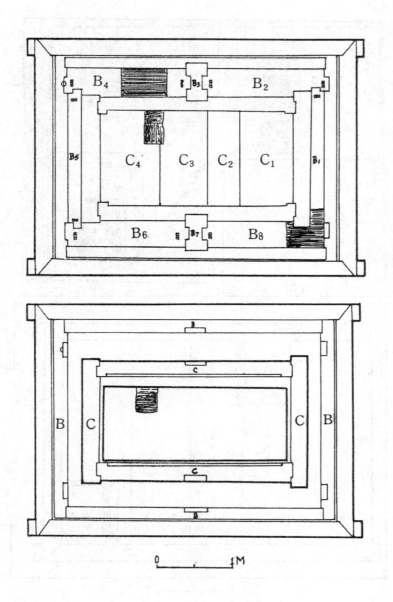

图一〇〇 长沙 M406 号墓棺椁结构图之二
上 M406 号墓揭去第一层盖板后露出内椁盖板结构
下 M406 号墓揭去内椁盖板后露出外棺的盖板

图一〇一 长沙M406号墓棺椁结构图之三
上 揭去M406木椁及外棺后露出内棺盖结构
下 揭去M406内棺盖后见棺内情况

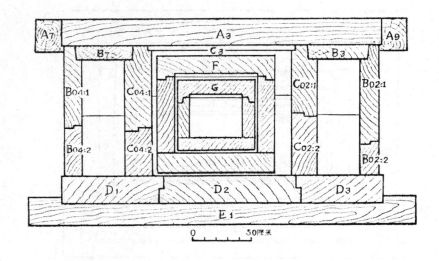

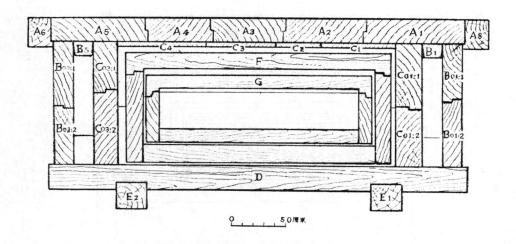

图一〇二 长沙 M406 号墓棺椁横、纵剖面图
上 棺椁横剖面结构图　下 棺椁纵剖面结构图

③ 土坑墓车马坑的表示。土坑墓地，遇有随葬车马坑时，也要作详实的记录，内涵简单的作平面图即可，比较复杂的增绘剖面图。也可依据内容的需要作复原图。

例如图一〇三所示是安阳孝民屯发掘的一座车马坑，保存较好。车由轮、轴、辕、衡、轭、舆几部分组成。本车马坑比较小，内涵相对简单，所以选用一个平面图说明了该车马坑的车架两马，殉一人。人在车后，仰身直肢，马在车辕二侧等的主要问题。另外，为了阐述车子的形状与结构则增绘了复原图。如图一〇四所示。

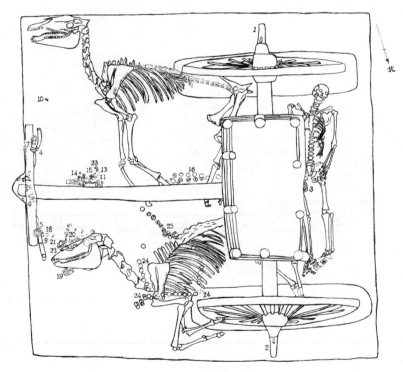

图一〇三 安阳孝民屯车马坑平面图

1、2.咅 3.踵饰 4、5.轭饰 6、7.兽面形衡饰 9、10.铜鼻 11、19.铜镳
12、21.特大铜泡 13、20.小兽面形铜饰 14.镞形铜饰（另一件包括在22内）
8、15—18、22—25.铜泡

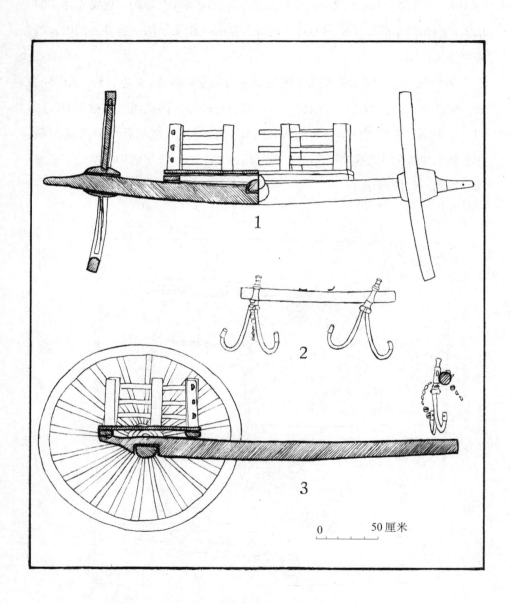

图一〇四 据孝民屯车马坑车痕复原商代车子示意图
1.正视 2.衡的后视 3.纵剖面

而侯马上马墓地三号车马坑比较复杂，就根据需要选用了平面图和剖面图，互相配合使用，这样能更充分地说明问题。如图一○五所示。

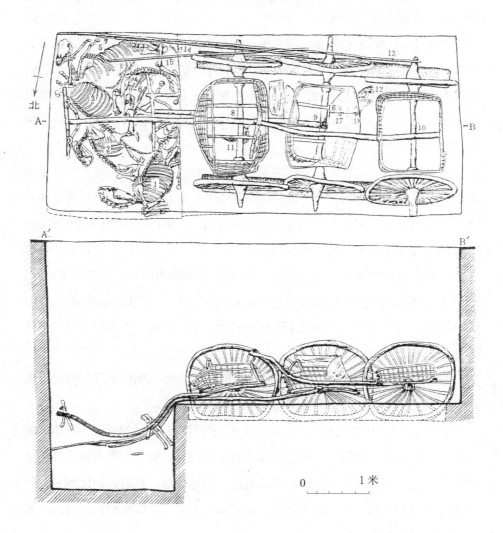

图一○五 侯马上马墓地三号墓车马坑下层平、剖面图
1.2号马 2.3号马 3.4号马 4.5号马 5.6号马 6.7铜矛
8.1号车 9.2号车 10.3号车 11、12.狗骨架 13.1号杆
14.2号杆 15.3号杆 16—18.铜活夹

**2.砖室墓**

从东汉到明清各代都有用砖修造的坟墓,这种坟墓盛行于汉到魏晋南北朝时代。其建筑特点有两种。一种是在地面上用砖起券后,再掩埋成土冢状,另一种是土洞与砖室相结合,深入地下掏洞,然后用砖起券,以后者为多。

砖室墓的绘制方法与土坑墓大体相同。只不过因墓的建筑结构比较复杂,仅仅依靠一条基线是不够的,往往需要增加若干条辅助基线,这样才可以很便利地将墓室各特征点的纵、横坐标测绘出来,下面仅以洛阳烧沟汉墓为例加以说明,如图一〇六所示。

这是座多室砖墓,有前室、后室和四个耳室。绘制这样的多室墓仅用单基线则无法测绘其他耳室,所以必须增加通过一对前耳室和一对后耳室的两条辅助基线方可顺利地获取其各测点的坐标数值。并绘出该墓的完整图。这座墓的真实大小则可用比例尺推算出来。

如作此墓的剖面图,应该绘制三个。其一顺墓道方向甲—甲将墓室剖开,这样可以表示出墓室的顶高及耳室的相对位置。其二于临近墓道的乙—乙方向将第一对耳室剖开,揭示耳室的结构特征。第三沿丙—丙方向将第二对耳室剖开,揭示其结构特征。

在绘制该砖室墓平面图和三个剖面图时,一定要标明比例尺和指北针方向。同时剖割部位要用文字或符号标示。

砖室墓平面图要将随葬物品等按其所处的位置绘出。如果仅为说明砖室墓的建筑形制和结构特点,可以省略不画随葬物品,但一定要将砖室墓的墙壁砌筑方法、券顶的作法、铺地砖的规格和铺设方法,按适当的比例和实际需要选择绘制平面、纵、横剖面图及墓室层位关系图。特殊结构还可以绘制局部分解图或部分详图。

一般来说,砖室墓比土坑墓要复杂得多,因此对其建筑结构、砌砖起券方法等遗迹现象不一定全部绘出,可以采取简练的示意性画法,但是简练不等于简化,以能说明重要问题为前提。绘制砖室墓一定要严格认真,层位清楚,准确无误。

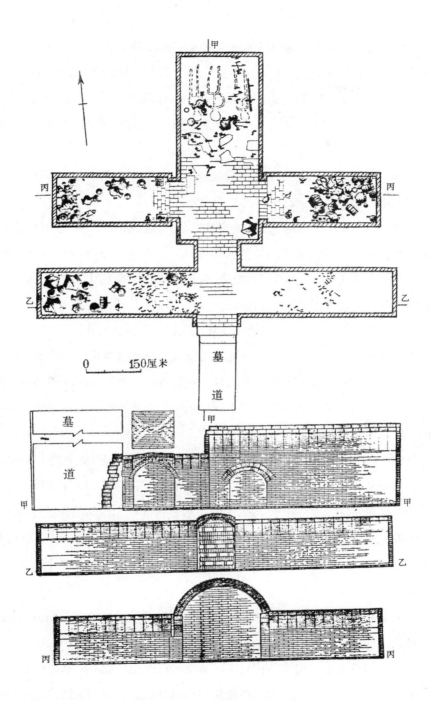

图一〇六 洛阳M632号汉代多室砖墓平、剖面图
上 平面图 下 甲至甲剖面图、乙至乙剖面图、丙至丙剖面图

特别注意砖室墓剖面图中对起券砖的描绘要符合正投影原理。自起券开始，无论起券砖横置或立置，从下至上都会产生投影变形，其特点是券顶砖层层见窄且密集；而顶视图(仰视图)则不同，顶部砖近乎实形，往下越近于墙壁砖缝越见窄且密集。总之，同一座墓的视图，彼此要描绘得当，不发生矛盾。

为了加强学习的效果，增强识图的能力．我们有针对性地选择了部分砖室墓的线描视图，供学习参考。

图一○七为"四隅券进式"穹窿顶墓例。该墓由墓道、前室和后室组成。这种墓顶是以一定的高度的墓壁从四隅同时向左右向上砌起四分之一圆弧，这种结构负荷力大。墓底铺人字形砖一层。该墓选用了四个视图说明其形制和结构特征，处理手法适当而简练。

图一○八为唐"古"字形攒尖顶单室墓例。该墓由墓道和主室等组成。墓道不在主室正中，两壁用一平一直的砖砌成，上起弧券顶。主室用一铺一立和二铺一立砌成。起顶处四边有收分，横错缝往上叠涩成四注攒尖顶。铺地砖大部分平放横铺。该墓选用了平面、剖面和顶面视图。组图紧凑、安排合理，投影关系正确。

图一○九为洛阳汉代 M10016 多室墓例。该墓为斜坡式墓道，墓室南北向。整个墓室由前后墓道、前堂、后室及东西耳室组成，除耳室外，均为小砖错缝叠砌。墓道为长方形券顶，前堂、后室顶部均为四面结顶的穹窿形。前堂东西两壁各开近方形土洞耳室，顶角皆圆角。墓底除耳室外，各部均垫错缝平铺的小砖一层。墓门用小砖封堵，除最下两层为横立叠砌外，其上全部砌成人字形。

后室正中放置一棺，已腐朽，人骨成粉状，头向南，为仰身直肢葬式。随葬品比较简单，多置于前堂和侧室。

该墓尽管多室，建筑结构复杂，绘图时仅选用平面、纵剖和横剖面三个视图进行揭示，很有说服力地将此墓的形制特征，砖室砌筑结构、置棺的位置和随葬物品的分布等描绘得很细致而明确，视图间经营位置比较恰当。

# 第七章 ◎ 墓葬图

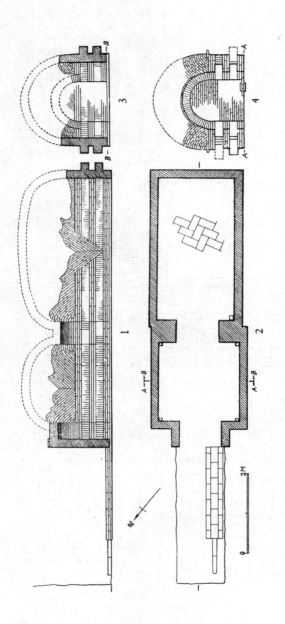

图一〇七 "四隅券进式"穹窿顶砖墓平、剖面图
1.纵剖面图 2.平面图 3.墓门剖面图 4.墓门正面视图

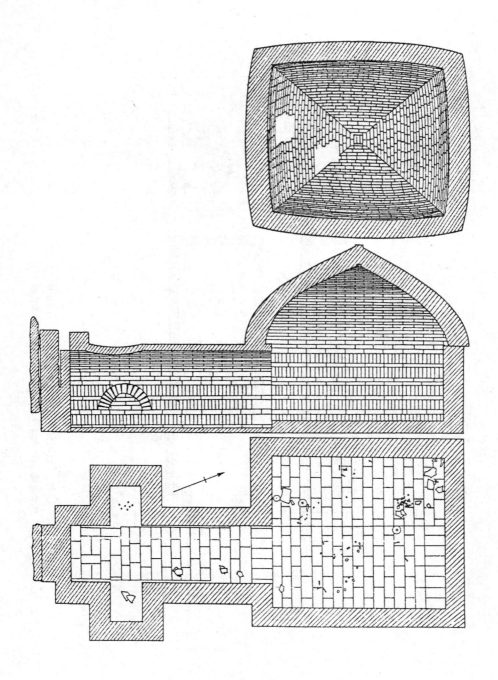

图一〇八 唐代"古"字形攒尖顶单室墓平、剖面和顶面视图

第七章 ◎ 墓葬图

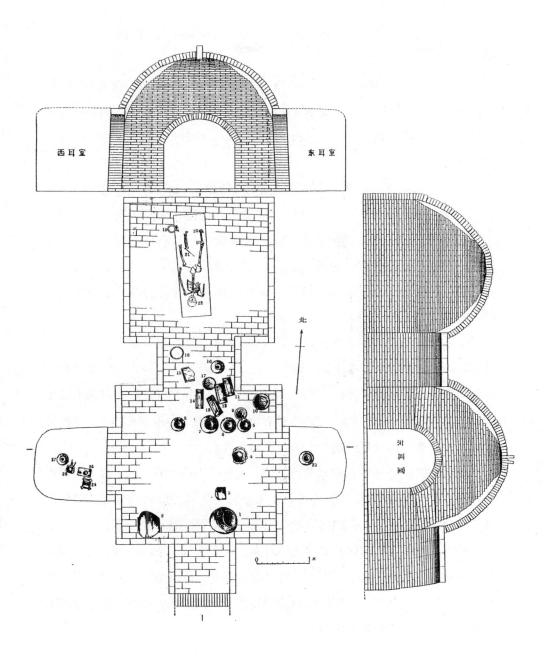

图一〇九 汉代 M10016 墓平面和纵、横剖面图

洛阳西汉 M61 壁画墓，是一座用空心砖和小砖混合建筑的多室墓。详见图一一〇与图一一一所示。

墓道，长方竖井形，底部平坦。墓道的西端即为墓门。墓门前有封门，用小砖叠砌而成。门框、门额共用三块特制的带榫空心砖砌成，门额的中部用一长方形空心砖纵砌，以两块三角形空心砖置于长方形空心砖两侧，并使顶部呈尖拱形。

主室在墓道之西挖凿的土洞内，以空心砖建筑主室。圹顶为屋顶形状，平脊斜坡，四壁垂直。圹壁上遗存有镢类工具痕迹。室底平坦。主室的平面为长方形。室的前端两侧各有耳室，主室大体用两空心砖构成：其一是方柱式；其二是长方式。室底用长方形空心砖并列横铺。在主室中部，设有隔墙。把它界为前后两堂。隔墙的前后两面和支柱的前面及左右两面均绘有壁画。

耳室墓门内的两侧，各有一"丁"字形耳室。它的建筑过程是：先在主室东部向南北扩挖圆拱形土洞，四壁垂直，室底平坦。耳室内除门楣仍用空心砖构成外，余均小砖砌筑。把南、北的长耳室称为"正耳室"，其向东伸出的部分称为"副耳室"。南、北耳室是对称的，形制大小基本相同。副耳室位于正耳室的东边靠近墓门处，土洞形制同正耳室。

副耳室的门是在正耳室东壁留出的，两侧有小砖砌的门框，框上架设方柱形空心砖门楣，副耳室内的小砖砌筑和正耳室全同。壁画分别画在墓顶、门额、隔墙和后壁上。绘画的内容题材有天汉图、神话和历史故事。

该多室壁画，其形状与结构比较复杂。要全面揭示它的特征，仅仅采用平、剖面两视图表示是很不够的。所以除主要平、剖面图外，又增绘了 B 至 B′、C 至 C′、E 至 E′ 不同部位的剖视图。不仅如此，还作了墓室顶部的仰视图和主室后壁的正面视图。

由于选择视图的正确和细心的描绘，将其 M61 多室空心砖壁画墓的造型结构、殉人棺椁及随葬器物的分布反映得清清楚楚，明明白白。而且组图严谨，线描合理，标注明确，是比较典型的清绘图，值得认真借鉴。

## 第七章 ◎ 墓葬图

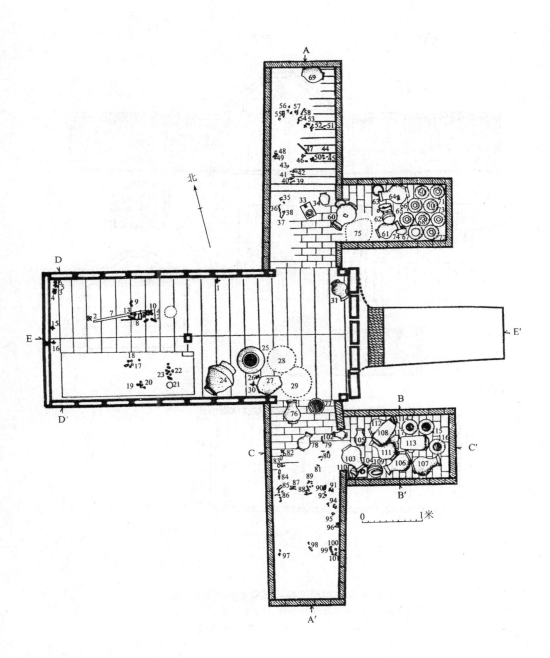

图一一〇 洛阳西汉壁画墓墓室平面图

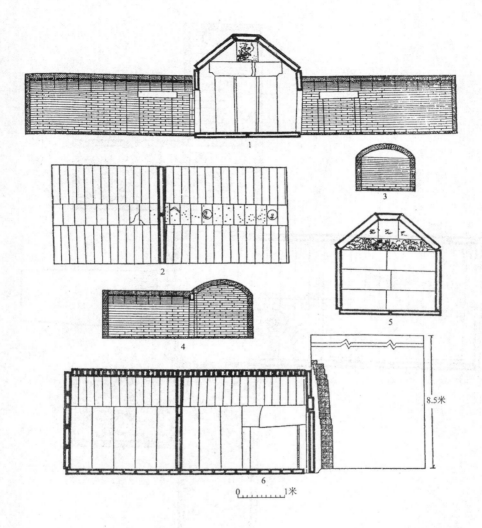

**图一一一 洛阳西汉壁画墓墓室剖面等组合图**
1.东剖面（A—A'） 2.墓顶仰视 3.南副耳室东剖面（B—B'）
4.南耳室南部剖面（C—C'） 5.主室后壁 6.北剖面（E—E'）

### 3.岩洞墓

岩洞墓指在山腰或山下，依石内穿，由外到里地钻凿而成的墓。岩洞墓的规模有大有小，结构有简有繁，形式各异。

岩洞墓的测绘方法与土坑墓、砖室墓基本相同。具体测绘时可依据墓葬的情况设置基线或若干条辅助基线，以能充分测到墓的各个特征点即可。

岩洞墓一般要绘制一个平面图和一个剖面图。结构复杂的墓可适当增绘其他视图或局部示意图。

我们以四川天回山比较典型的东汉晚期山崖墓M3为例进行分析：

该墓全长约32米，规模巨大，结构复杂。就形式而言可称为双翼式崖墓，它的结构特征除有狭长形的墓道和过道（或前、后、中室）外，左、右两侧都开凿有长形或方形的墓室。墓道的左下角有三角形的排水沟，直通墓门。排水沟是用三面长形花砖连接砌成。墓门的门框是就原岩石凿成的，有封门砖。门内有狭长的墓道和过道，仍分前、后段（室）。在过道前、后段（室）的南侧直排着三个长形墓室，南二室前有一门框。过道后段的北侧有一方形的大侧室。大侧室的中央有个八角形擎天柱。大侧室的北面和东面又有两个方形的小侧室，各室间有原岩石凿成的门框。全墓内置十四棺，其中瓦棺十一具，石棺二具，砖棺一具。如此规模巨大而且比较复杂的山崖墓，我们认为至少需要三个视图进行表达，即平面图、剖面图和水沟结构的附加示意图。如图一一二所示。

崖墓平面图说明墓的形式及墓葬葬具等的分布。

崖墓剖面图揭示墓葬的结构特征及各室的高度等（本剖面图为沿墓道东西剖切而向南视的剖视图）。水沟附加示意图阐明水沟砌砖的结构。

在图中用字母A、B、C标示平面图、剖面图和附加示意图；将葬具等分门别类地标示1、2、3数字并加文字说明，使图面清晰易懂。

为区别于土坑、砖室等墓类，在崖墓轮廓线外采用集点的处理方法，集点由密渐疏，匀称地向外扩散，其宽度可酌情掌握。

指北针和比例尺可置于图面适宜的地方，以增加图面的均衡与美观。

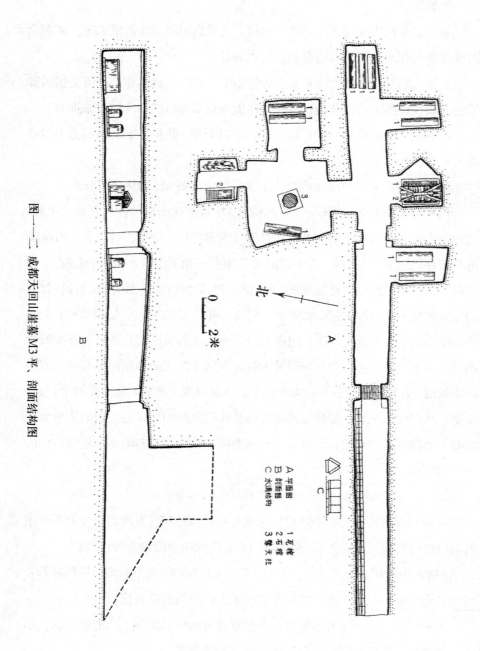

图一一三 成都天回山崖墓 M3 平、剖面结构图

**4．积石墓**

积石墓一般都建在地面上，用石块、石板砌筑而成。测绘方法与其他墓相同。积石墓也要绘平面图和剖面（即立面）图。

在描绘积石墓线图时，一般按常规用线的法则，特殊情况可以采取适度的简化手段。下面以辽宁桓仁高力墓子村二个中型积石墓为例进行分析，如图一一三所示。图中(1)为8号墓(中型)。墓室呈长方形，用石块平砌四壁，由壁基逐渐上缩，用3~4块大石板覆在顶上。墓室四周用块石填塞贴筑，缝间处填充碎石、卵石。最后用土全封墓顶，室底平铺一层小卵石，是一个有墓门墓道的中型积石墓。

此墓的砌石的层次及墓室的结构较复杂。如果完全按常规用线的画法，仅就砌石彼此叠压着穿插交错的虚线而言，就足以使人眼花缭乱，所以我们把这一部分虚线全部简化。除实线外，在该平面图中只保留标示墓室基底范围的虚线。如此处理使图面简单明了，重点更加突出。

图中（2）为1号（中型）墓。长方形墓室，四壁皆用石板立支而成，壁面高度不平，处处补垫小石块，然后上覆3块大石块为盖，墓室外部四周全用较大石块贴筑，由基部向上逐渐内收，似一层围墙，把墓室包在其中，然后由顶部及底全用小卵石或碎石封起，成一丘状。另四周的基部用十余块较大的条石或方石支撑镇护着。门向南，门外有墓道并用石块封堵。

此墓在描绘上也采用了把多余的砌石叠压着的虚线统统省略的做法。保留着必不可少的形成墓室四壁立支石板的虚线。在平面图中也对封顶的碎石和卵石部分进行了适当的简化描绘。

另外两个积石墓在用线描绘上还有一个共同点，就是对封顶用的大石块或板，墓边沿砌筑的石边一律采用略粗实线，而其余的内部石块形状则一律采用细实线，这在一定程度上使积石墓层次更加清楚，增强了立体效果。

有些积石墓比较复杂，为了同时说明其结构、葬式和随葬器物的分布等情况，亦可适当地增加必要的视图，如图一一四所示。

积石墓平、剖面（立面）图的关系及其处理方法与其他墓基本相同，不过最好将积石墓的剖面图置于平面图的上方为宜。

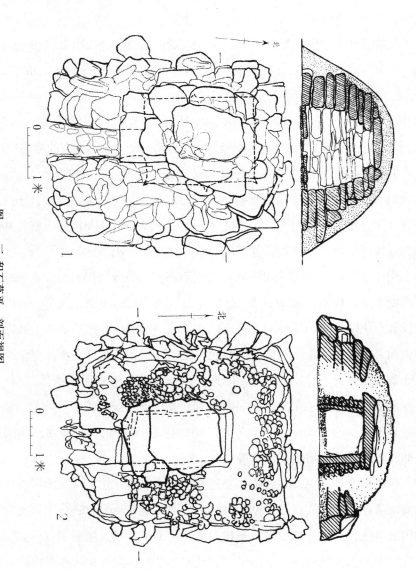

图一三 积石墓平、剖面视图

1. 桓仁高力墓子M8号墓　2. 桓仁高力墓子M1号墓

第七章 ◎ 墓葬图

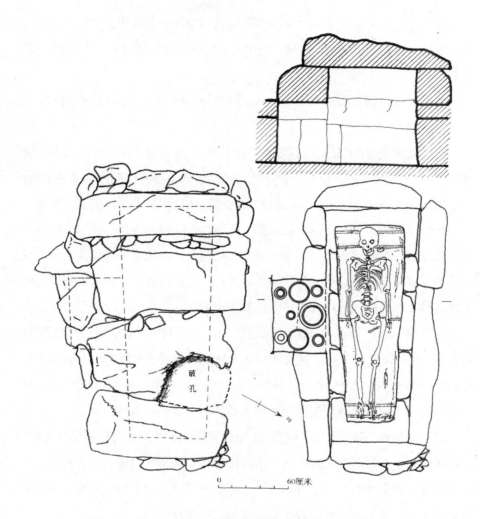

图一一四 石椁墓墓盖及墓葬平、剖面图

## 六、石窟等各类地上遗迹图举例

地上遗迹的种类很多，如果按其原来实用功能和属性来分，有宫殿、寺院、塔幢、城关、石窟、石刻等。如按建筑材料来分，则有木、砖、石、铜、铁等。

本教材仅以殿、石窟和石塔为例，具体说明绘图的基本方法和要求。

### 1. 古建

对古建筑遗迹的描绘，要以准确的测量为基础(有关测量的方法将在测量课中讲授)，凭数值精心绘图。要保证外形轮廓和各种构件形体的基本正确，决不能含糊与凑合。因为任何差错与遗漏都会使绘图失去实际意义。要保证按照我们绘制的图纸，能够重新建起一座与实物同样形体结构及风格特征的建筑物或按一定的比例尺制作出一座精美的模型。古代建筑遗址或遗迹大多数是不完整的，有的仅残存某些遗迹。对残存的遗迹我们要精心测绘，有时依据这些重要材料进行研究可推断绘制复原图。

对古建视图的要求，一般要绘制三个图，即正视图（立面图）、平面图和剖面图（横剖面图）。我们以现存的宋代木建筑中具有代表性的山西晋祠圣母殿为例，晋祠是祭祀晋侯祖先的祠庙，位于太原郊外山下泉旁，风景秀美。圣母殿内有四十尊侍女像，是宋塑中的优秀作品。如一一五图所示。

绘制圣母殿，选用了三个视图。正面视图说明了圣母殿的外观形体结构；平面图说明了圣母殿的平面布局；剖面图说明了圣母殿建筑构造及特点。

古建筑形制多样，营造方法繁多，涉及许多建筑学方面的问题，这不是本章的重点，故留待到有关古建筑的章节中再详细讲授。

第七章 ◎ 墓葬图

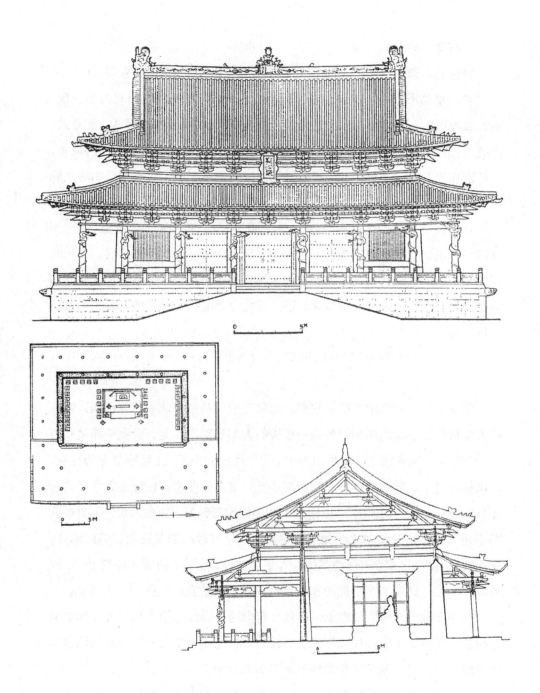

图一一五 山西晋祠圣母殿立面、平面和剖面图

**2. 石窟**

我国的石窟,比较著名的是敦煌石窟、云岗石窟、龙门石窟等。

就石窟的形制而言是多种多样,大都是随着时代的演变而有新的发展。例如敦煌石窟各种主室形制大略说来可分为:中心塔式、毗诃罗式、复斗式、涅槃式、大佛窟及背屏式等。其中又以中心塔式、复斗式和背屏式三种最多,可分别作为北朝、隋唐、五代至宋这三大段的基本形制。对石窟形制的正确描绘是至关重要的。

在视图及视图的选用上,石窟和其他遗迹一样。要根据内容酌情选择。例如仅为了说明石窟的形制特点,选用一个平面图和一个剖面图足矣。如果既要说明石窟的形制特点又要说明室内装饰布局等情况时,则要增加各侧立面的剖视图。不论选用视图的多寡,进行描绘时要准确无误地将石窟结构特征表达清楚。

下面以敦煌莫高窟第302窟和420窟为例进行分析。详见图一一六和图一一七。

第302窟为须弥山形中心柱窟。此窟有前后两室。前室前部已残,窟顶作人字披形,南北两壁相对各开一极浅的人字形顶小浅龛。后室平面呈长方形,中央凿一通连窟顶的须弥山形中心柱。柱座上小下大。柱座之上为柱身,高仅柱座之半,其四面各开一圆圈形小龛,龛内外塑像。柱身上方塑复瓣莲花和四龙,承托"须弥山",山作上大下小的倒圆锥形。分作六层,每层周圈贴影塑千佛。正壁和南北两侧壁中央各开一位置较高的双层龛口的圆圈龛,平面各呈"凸"字形。窟顶前部位作人字形披形,后部平顶影作斗四平棋。根据以上内容,选用一个平面图和一个剖面图比较适宜,如图一一六所示。

在302窟平面图的处理上,不是自窟内地平面而是抬高至窟内各侧壁龛面绘制,即突出了中心柱该部的造型特点,也使该窟壁龛外形轮廓与该窟整体轮廓连成一体。避免了用隐线表示壁龛的外形。

在302窟剖面图的处理上,采取了折线剖切的方法,既保住了后室中心柱的完整性,同时也明确地标示出其上塑像等装饰的布局。

第七章 ◎ 墓葬图

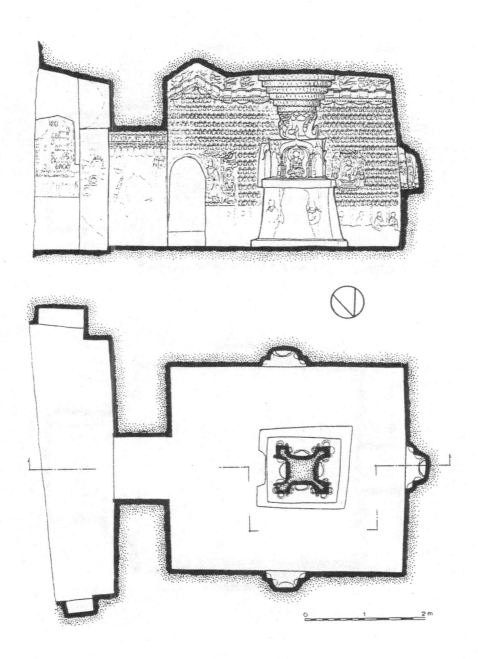

图一一六 莫高窟第302窟平、剖面图

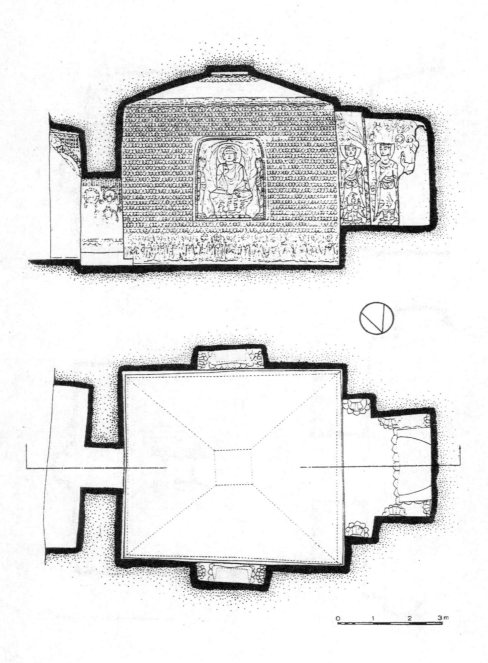

图一一七 莫高窟第420窟平、剖面图

石窟外形轮廓线，可用较粗的黑线平涂整齐，其外着点由密渐疏宽度适宜即可。内部线一律用细线表示。其他各项如常规。

第420窟为复斗式三龛窟。此窟分前、后室。前室平面呈横长方形，顶作人字披形，后室平面呈方形，窟室作复斗形，正壁开一"凸"字形双层口龛，南北两侧壁对开各一圆圈形龛。龛较深，龛内塑像，龛口绘边饰图案一周。三个龛位置都较高。如图一一七所示。

此窟除在平面图中用虚线表示复斗式窟顶外，其他描绘方法同302窟。在石窟的平面图与剖面图两视图的组合安排上最好以剖面图（立面）放在平面图的上方为宜。

### 3. 墓塔

塔的种类繁多，形式各异，可根据需要选用视图。以山西海会院唐代遗存石塔为例。该塔为单层单檐方形亭式，造型优美，比例适度，可为唐代雕刻艺术的杰作。全塔可分为台基、塔座、塔身、塔檐和塔顶五部分。台基为中直状方形，每个看面均施上、下坊及角柱，坊柱之间又嵌间柱，最下层为衬石。塔座台基之上又另施塔座，座之上下各为三层叠涩，中间束腰。束腰较高，全面刻出四个壶门，内雕不同姿态的狮子，共十六幅。塔身高1.77米，每面宽2.21米，正面中央开方门，门侧各一天王立像，门上刻出半圆圈面，塔身的左右侧面刻出破子棂窗，身后嵌碑文一块。塔檐形状别致。塔顶分做四层分别雕成平面。像这样造形优美、雕刻细致的石塔，如果主要目的是说明塔的外观形状和部分艺术形象，那么选用一个正面视图和一个平面视图足矣。如图一一八所示。倘要说明塔身四面的雕刻内容及形象，则必须增绘各侧视图或局部附加视图。

有些塔因为结构特殊，需要揭示其内部特征时，就要绘制剖面图。如图一一九所示，为河北定县开元寺料敌塔。该塔建于宋1001-1055年。因定县原是北宋边防重镇，此塔可供瞭望敌情之用，故称料敌塔。塔作八角十一层，高84米，是我国现存古代最高的塔，塔内由砖砌塔心到顶，楼梯穿塔心而上，若不加绘全剖面视图，则难以表达清楚。

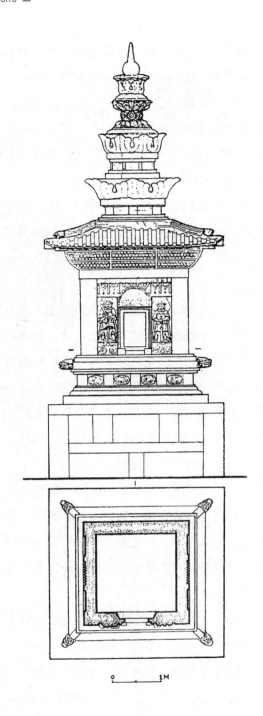

图一一八 山西海会院唐代石塔平、剖面图

第七章 ◎ 墓葬图

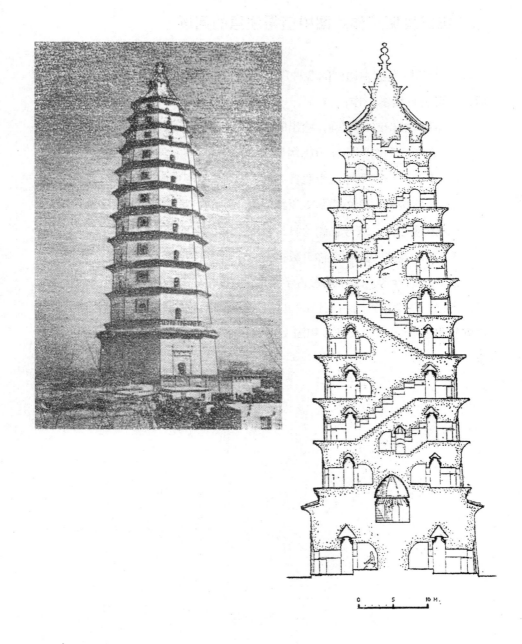

图一一九 河北定县宋代开元寺料敌塔剖面图

## 七、田野发掘工作绘图中值得注意的问题

1. 对田野发掘中遇到的各种现象必须仔细观察，认真思考，有所认识之后，方可进行绘图工作；
2. 所测数据必须准确，绘出的图必须合乎投影原理；
3. 凡是实测图都要标示比例尺；
4. 平面图一定要标出指北针方向；
5. 严格按考古绘图的基本用线原则正确而科学地进行描绘；
6. 遗迹名称、编号、测绘日期及测绘者姓名要如实注明；
7. 有关遗迹、遗物名称，数据与文字记录相互要对应一致。

总之，田野考古工作是考古学研究的基础，也是保护文化遗产的重要手段。所以，从事田野考古工作的单位和个人必须服从文化保护的需要，严格遵守贯彻执行《中华人民共和国文物保护法》，确保田野工作符合科学的要求。

# 第八章

# 插图的阅读与分析

阅读书刊上的插图，必须从对图进行分析开始，这样才能深入细致地观察，从而理解其中反映的问题。同时也可以发现其中的不足与错误。分析考古报告的插图，主要从两个方面考虑，其一是正确性，其二是艺术性。

## 一、正确性

正确性是第一位的，因为考古发掘报告是科学的记录，是做综合性研究所依据的重要资料。如果在考古报告插图中产生错误，就必然会减弱报告的科学性。因此在分析考古发掘报告插图时要注意以下几方面的问题：

**1. 投影概念问题**

看图画得是否正确,是否合理,其主要标准是看它是否符合正投影原理。在考古插图中常常发现投影概念模糊的错误,这会造成同一遗址的视图之间,相应点不在投影位置上的错误,使遗址视图间投影关系不对等。这就给读者识图造成困难。

在考古插图中,经常见到此类错误,如图一二〇所示。

图中(1),土坑墓。土坑竖穴,有熟土二层台,单棺。二层台上置一鬲一盆。从平面图与剖面图观察,不难看出二层台的尺寸不吻合。这种同一墓葬两视图间的投影错误,令人费解。

图中(2),洛阳王湾M102墓。土坑竖穴长方形,墓口长190厘米,宽90厘米。墓底长210厘米,宽110厘米。从所描绘出的该墓平面图与剖面图对照看,墓口口径大小不相符,墓底长度与文字叙述也不一致。这种错误的产生,究其原因是投影概念含混不清造成的。

图中(3),窖穴。该窖穴选用平面和剖面两视图进行表示是正确的。用平面图表示其口小底大的特征,用剖面图揭示其袋状喇叭形和平底的结构也很适宜。但由于投影关系上的严重失误,造成窖穴视图间口径与口径、底径与底径的矛盾。使读者难以判定哪个视图是正确的。

图一二一,为师赵M1号组合图。通过平、剖面视图完全表示了该墓为长方形竖穴土圹,直壁、平底的结构;殉葬人为侧身屈肢,头东脚西,面朝北,作蹲距状的特征,以及随葬器物的分布。利用典型器物的组合图可以直观形态和了解相对的尺寸大小,是很好的选择。

但美中不足的是,在平、剖面视图中出现了两大失误:

其一,平面图中的剖口位置标示错误。这一失误的严重影响了平、剖面视图中可见物体与不可见物体的具体描绘。剖口以内的可见物体要描写,剖口以外的物体不能描写。例如在平面图中剖口线以外的标为2号的石锛本不应出现在图中,却在剖面图中画出来了等。这是投影概念不清楚所致。

其二,投影关系错误。具体表现在随葬器物的投影不在平、剖面图中的

第八章 ◎ 插图的阅读与分析

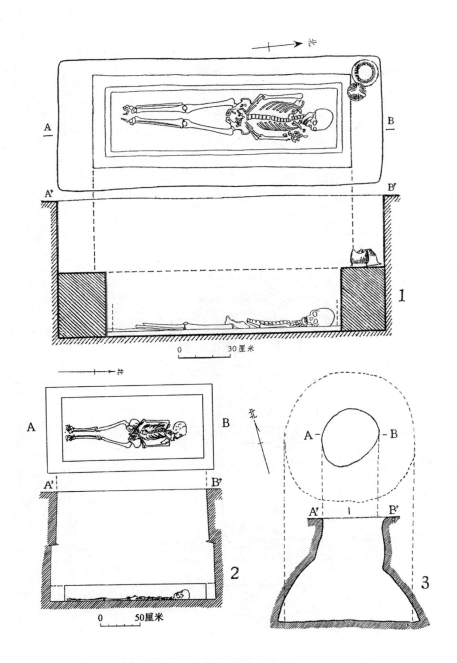

图一二〇 遗迹视图间投影关系错误图例之一
1.土坑墓平、剖面图投影不吻合 2.土坑墓平、剖面图投影不一致
3.窖穴平、剖面图投影失误

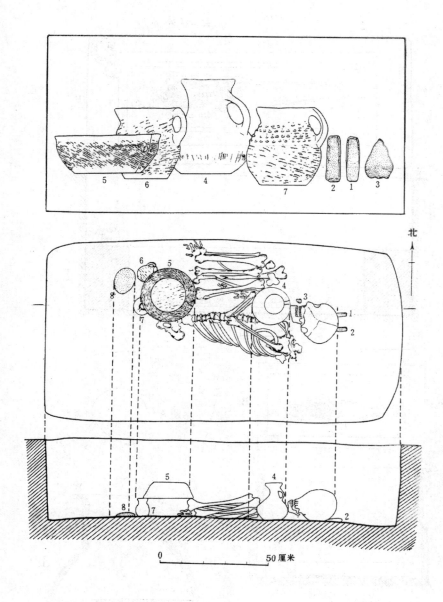

**图一二一 墓葬平、剖面图中投影不吻合错误图例**
上 器物组合图 中 师赵M1平面图（1.石凿 2.石锛 3.绿松石饰 4.陶单耳壶 5.陶盆 6—7.单耳罐 8.砾石）下 剖面图

坐标位置上,而且尺寸很不相符,特别是标号为4、5、7、8等器物极为明显。

考古绘图是一件细致的工作,来不得半点疏忽,一定要从投影原则着眼,从细微处入手,否则就很容易造成偏差。绘制遗址墓葬图要在尺寸、结构、葬式和器物摆放形态等四方面达到完全统一一致。否则视图选择再合理,线条画得再精巧也是徒劳的。

**2.视图选择问题**

考古学对图的要求是既正确又严谨,既不可遗漏又不可重复累赘。因此正确选择视图是合理表达的基础。

如图一二二(1),灰坑。袋状微显,口底均圆。壁光平,底也平整,但坑内有两个小洞,一个在西壁下,呈半圆结构,一个距坑东部,呈圆形,应为柱洞。该坑口径174厘米、底径204厘米、自深116厘米。在描绘时选用平面图和纵、横剖面三视图进行具体表示。其实该灰坑采用平面和A至A横剖两个视图已经清楚地说明了形体结构特征。所以B至B纵剖面图显得重复多余,完全可以省略。

图中(2),瓦棺墓。该墓为秦汉瓦棺墓。这种墓葬形制不挖掘墓穴,瓦棺由四块板瓦和一个陶釜组成,板瓦两两叠接,二仰二覆。陶釜破成为两半截堵在瓦棺两头,然后培土掩埋。该M6557号选用二平、二剖的形式表示。我们认为像如此简单的瓦棺葬,用一平、一剖或二平、一剖即可。考古插图的原则是用较少的视图说明较多的问题,而非多多益善。

图中(3),该长方形竖穴墓,口大底小四壁内收。单棺呈Ⅱ字形。仰身直肢,头向北,面朝东;双足并拢,双手交叠于腹部。墓壁北端向外掏挖似为壁龛,随葬器物置于壁龛中。阅读该墓的三视图,不难看出在平面图与A至A横剖面图中,完全充分合理地将其墓葬的形状结构与葬式等特征表达清楚了,所以B至B纵剖面图如同虚设,应该减掉。

**3.用线准确问题**

空间物体的描绘离不开线条,而准确用线则是完美表达物体造型结构的关键。考古插图也不例外,如果用线不合理,不准确或遗漏线条,都会使一

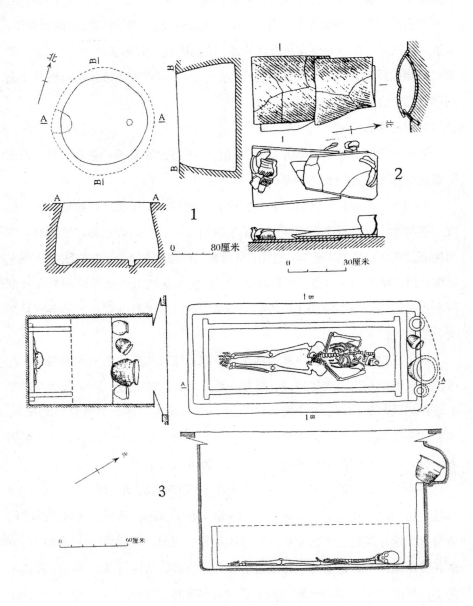

图一二二 遗址遗迹视图的选用与分析图例
1.窖穴坑图 2.瓦棺葬图 3.土坑墓葬图

种形状变成另一种形状。属于线条处理上的错误在考古插图中是普遍存在的，因此从思想上应给予足够的重视。针对有关问题，我们选择了部分典型实例进行具体分析。

其一，遗漏线条。

例如图一二三（1）是一座口大底小的墓。墓壁从口倾斜至墓底。殉葬人仰身直肢。墓葬结构比较简单，采用平、剖面视图表示是正确的。但是，由于在描绘平面图时，将四隅墓壁可见的倾斜的棱线线条漏画（详见图中箭头示意部位），使倾斜墓壁变成了垂直墓壁。同时也造成了该墓平、剖面图中结构的不统一不一致的问题。

图中（2），同样是墓口大而底小的土坑墓。但有熟土二层台，单棺，殉人仰身直肢，随葬器物置于二层台上。以上特征在平、剖面图上绘制得比较具体而明确，但也是漏画了墓口至二层台上的墓壁四隅的斜坡细实线。使其结构面目皆非，是令人遗憾的。

其二，错画线条。

遗址遗迹类型很多，形体千姿百态，在用线进行描绘时仅仅做到不遗漏是很不够的，还必须注意不错画或误画。作图时也要注意线的曲与直、粗与细的变化。这些都和专业性密切相关，忽视了则将会影响图的最终效果。例如图一二四所示。

图中（1），墓葬平面图和剖面图中，在墓道部分的描绘出现了明显的投影错误。在平面图中可见到的倾斜阶梯底线应画实线，却错画成了三条虚线，而在剖面图墓道中，由于投影聚积性变形只有一坐标点，没有棱线的情况下，却主观臆造地画出了四条向上的平行细实线（详见图中箭头标示处）。这样的错误是不应该发生的，应引以为戒。

图中（2），窖穴。三面视图在形状结构，比例和组合按排上都比较稳妥。不足之处是在平面图中窖穴穴口内将可见坑底轮廓线误画为虚线（详见图中箭头标示处）。

总之，考古插图要以专业性目的为前提，准确而合理地运用线条进行描

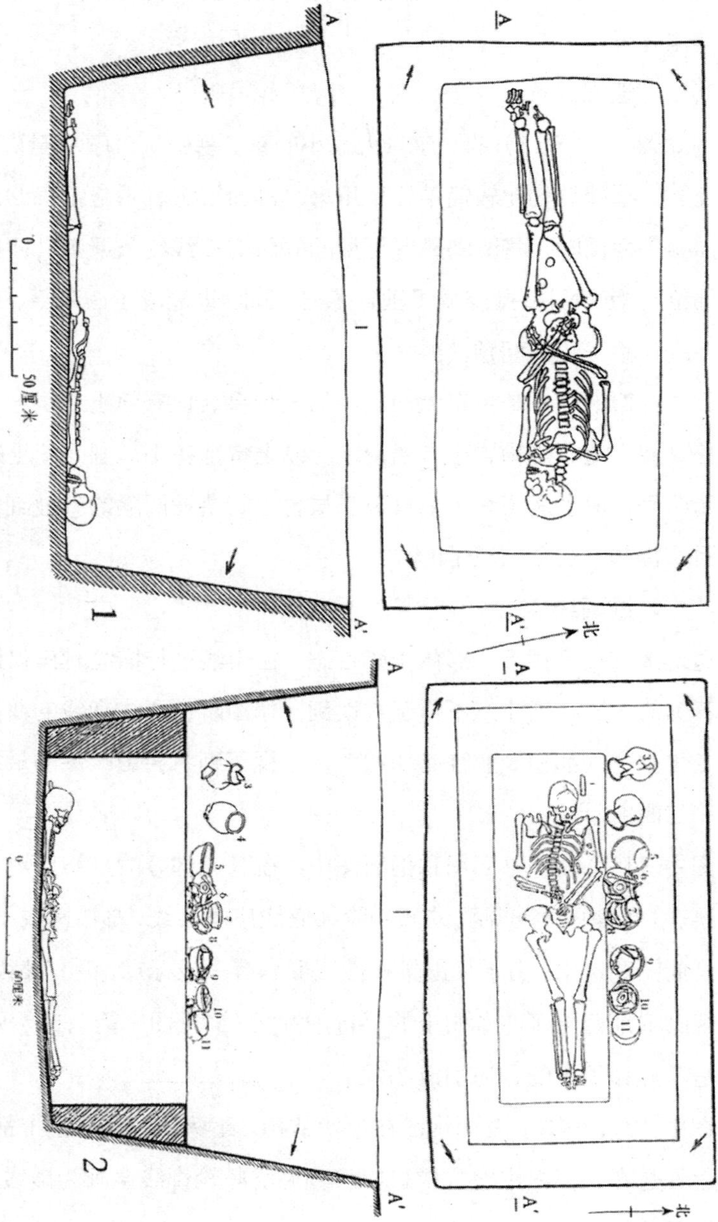

图一二三 遗漏线条错误图例
1. 土坑墓  2. 有二层台的土坑墓

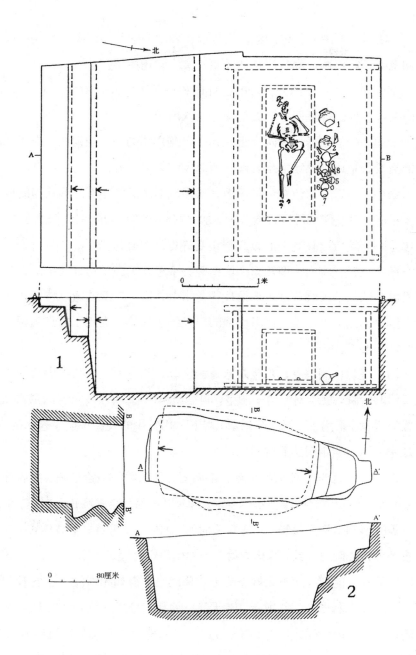

图一二四 错画线条错误图例
1.土坑墓墓道内有错画线条 2.窖穴平面图中有错画线条

绘，说明考古学中的具体问题。凡是应该表示的绝不能遗漏，凡是不应该表示的也绝不能误画。同时注意插图要与文字叙述相符。

下面我们选择了部分较好的遗址图和墓葬图供大家阅读、比较与分析，从中获得启发。详见图一二五至图一二八所示。

如图一二五所示，为两个窖穴和一个洞穴墓的平、剖视图，由于视图选择恰当投影正确，用线描绘合理，所以图的效果很好。

图中（1），窖穴。有台阶三级。从平、剖面图整体看，形状与结构投影关系正确，用线描绘得也合情合理，加之在图中相应台阶部位标注了1、2、3数字号码，就使比较复杂的窖穴结构变得更加明确易懂了。

图中（2），窖穴。圆筒形。坑壁竖直平整，坑底平坦，唯中部有一葫芦形浅窝。壁底都被烧成红色，厚度约3厘米。这一典型的遗痕特征，在窖穴的实体轮廓线之外，按比例以虚线的形式给予描绘，突出了重点问题，符合专业性的要求。

图中（3），洞室墓。是竖穴墓道洞室墓，长方形墓道口部内收一周，形似二层的台阶，墓道南壁凿一洞室，洞室顶为弧形。单棺，仰身直肢葬式，头前置放器物。采用平、剖面图揭示其特征。用较少的视图说明了较多的问题，正是考古插图所希望达到的目的。

图一二六是西周墓M7027平、剖面图。该墓线图描绘正确，好就好在符合墓葬平、剖面图之间四项基本要求。即尺寸吻合，竖穴坑底大口小、墓底有腰坑等的形制结构描绘统一；葬式头向西，面向南，仰身，下肢伸直，双手置于腹部等特征画得一致，随葬器物在图中的投影合理。另外用线准确，各种标注比较适宜。能把一个不太规整的土坑墓能表示得如此到位，是很不错的。

图一二七和图一二八所示，为天马—曲村遗址中元墓M6029竖穴有墓道的砖室墓。该墓平面图与剖面图充分说明了墓室近方形，地面铺砖一层。墓室北部东西向置床一，床上置殉人四具，头向东。墓门正视上部作梯形，墓室内侧南壁墓门上方砌一灯龛。墓壁为单砖错缝平砌。甬道顶式为券形，墓室顶式为八角攒尖形。平、剖面两视图描绘细致，投影关系准确，经营位置适宜。

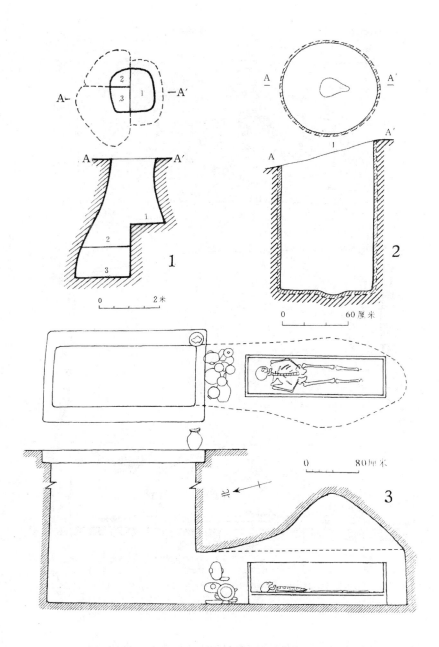

图一二五 较好的线描视图图例
1.窖穴平、剖面图 2.灰坑平、剖面图 3.秦汉洞室墓M6026

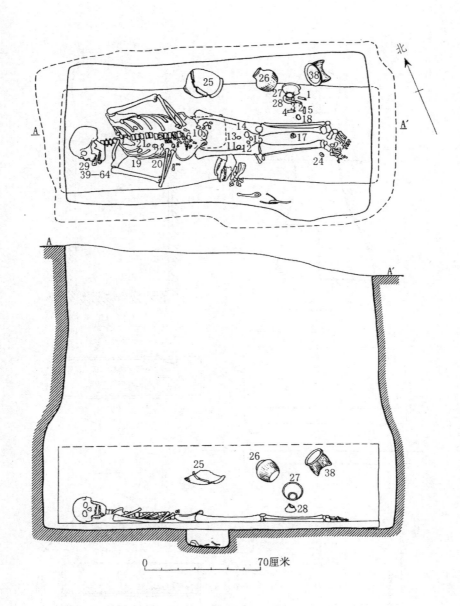

**图一二六 较好的线描西周 M7027 土坑墓平、剖面图例**
5.蚌鱼 6、10—15、17—24、39—64.贝、毛蚶 6、25.陶盆 4、5、
26.陶罐 3、27、28.陶豆 29.石戈 1、2、38.陶鬲

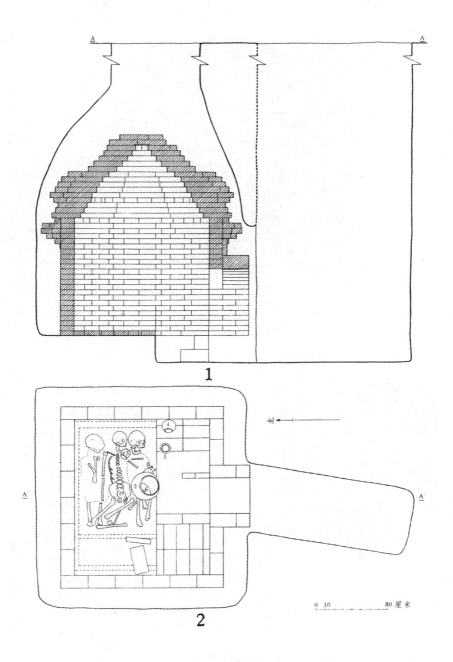

图一二七 较好的线描砖墓平、剖面图例之一
1. M6029 剖面图 2. M6029 平面图

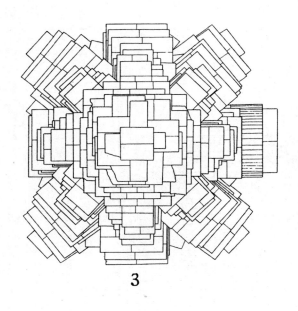

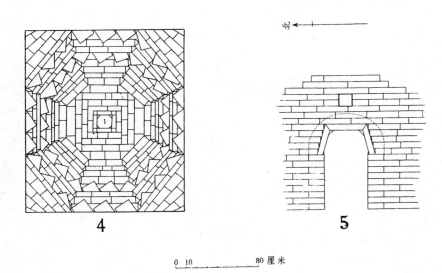

图一二八 较好的线描砖墓平、剖面图例之二
3.M6029墓室俯视图 4.M6029墓室仰视图 5.M6029墓门正视图（内侧）

为了进一步阐述墓顶的八角攒尖形的建筑结构和封门的情形。依据内容的需要增绘了墓顶的俯视图、仰视图和墓门的内侧正面视图。这样更加强了说服力，是很好的选择。

综上所述，在考古插图中的用线问题是不可忽视的。将看得见的线画成看不见的线是错误的，遗漏线条也会使一种造型结构变成另一种造型结构。所以要精心设计，认真对待插图的用线准确问题。

**4.体例统一问题**

考古插图要求体例统一。遗址图一般要求将平面图置于剖面图的上面，如房址，窖址、窑址等；土坑墓原则上也是将平面图置于剖面图的上面；砖室墓或石窟等则将平面图置于剖面图的下面，详见图一〇八和图一一六；器物图一般要求将外视图放在右侧，剖面图放在左侧等。

另外，对于同一遗址图或墓葬图的剖面处理也要统一一致，剖面填充线要向左倾斜且密度相等，不能左右开弓。当然特殊情况例外，如墓葬中的熟土二层台内的填充线可以向右倾斜，目的在于区别遗迹的不同内涵。

例如图一二九所示：

其中（1），窖穴平、剖面图剖口部分标示不统一不完整。H11打破了H14。在剖口标示中A至A与B至B各标注了一半是不妥的。另外H11上口后沿线应在剖面图中画出为妥。

其中（2），窖穴线描图处理统一，正确合理。

其中（3），墓葬图。图面画得很细致，结构交待也很明确。不足的地方是平、剖面图中的剖口内填充线欠统一一致。

考古插图要求正确性，也要求技术处理上的体例统一性。

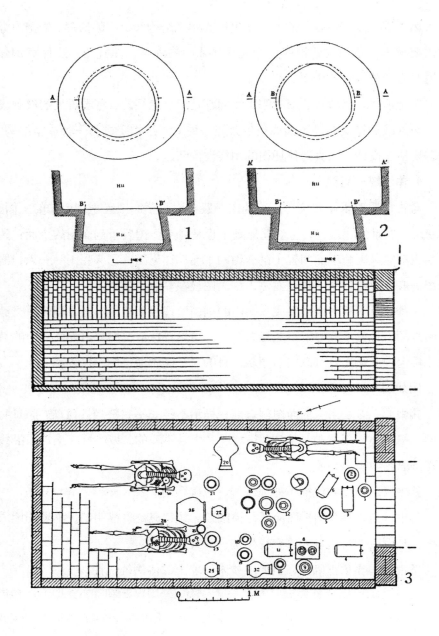

图一二九 同一物体线描等处理要统一一致
1. 平、剖面图线描等处理不一致 2. 全图正确合理 3. 剖面处理欠统一

## 二、艺术性

艺术性的问题是在图正确合理的前提下,所要考虑的问题,这样能增加图的效果,使表示的问题更清楚。

### 1. 主题明确问题

首先要注意主题明确,使读图的人清楚明白图上所说明的问题。

例如墓葬结构图的目的在于说明墓葬的结构,遗物的位置就可以省略。若作墓葬的形制比较,则平面图比较重要,剖面图可以从简,如图一三〇所示。

如果要说明殉葬人棺、椁及随葬物的分布,平面图要认真策划,精心测绘,剖面图可以省略,如图一三一所示。并把遗物分类编号,依次标注说明。遇到随葬物比较多,而且彼此叠压又比较完整时可采用分层描绘的方法,以突出主题。如图一三二所示,为石家河文化早期墓M54平、剖面图。

### 2. 组图位置问题

在组图位置上要有主有从,重要的图形放在明显突出的位置,例如放在图的左上角或图的中心位置。一般而言,探方、探沟图是剖面图比较重要,而墓葬图则多是平面图比较重要。

考古插图中,习惯上一般将土坑墓平面图置于剖面图的上面(如图一三三所示);而砖室墓恰恰相反,是将剖面图置于平面图的上面(如图一〇八所示)。遇到比较复杂的多室砖墓等,可酌情增加平、剖面视图。组图时一定要精心安排,主要视图放在重要的位置(如图一一〇和一一一所示)。

无论遗址图还是墓葬图中,图的重要结构要画得明确细致,图的次要部分可以画得简练概括,甚至可以从简。但是组图时也不能随心所欲,一定要认真对待。如图一三四所示,为两座窖穴的三视图。图中(1),平面图为主要视图置于横剖面图的上面,剖口位置彼此对正对齐,而纵剖面与横剖面并列摆放于近旁。指北针与比例尺的标注在组合图中,起到了稳定版面的作用。

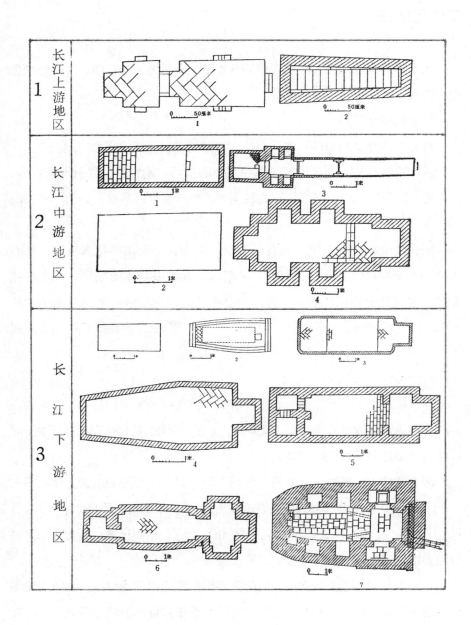

**图一三〇 长江流域隋唐墓葬形制比较图**
1.上游地区隋唐墓类型图 2.中游地区隋唐墓类型图 3.下游地区隋唐墓类型图

# 第八章 ◎ 插图的阅读与分析

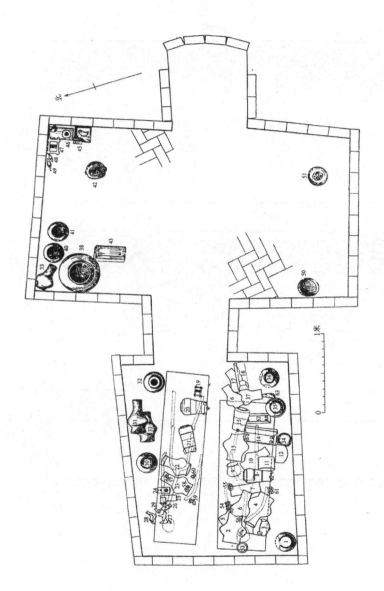

图一三一 墓 M7034 平面图主题说明殉人棺椁及随葬物在墓室的分布

1、2、4—6、10、13、16、17、22、23、30、31、33、34、36、37、39、40—42.釉陶壶 3、8、15、20、21.仓 7.方盒底 9、32、35.罐 11、12、50.盏 14.方盒盖 18、43、62.方盒 19、47.井 24、46.灶 25、45.猪圈 26、44.猪 27、63.狗 28、29、48、49.鸡 38.瓮 51.盘 52.耳杯 53—61.铜钱 53.铜镜 66、67.牙齿

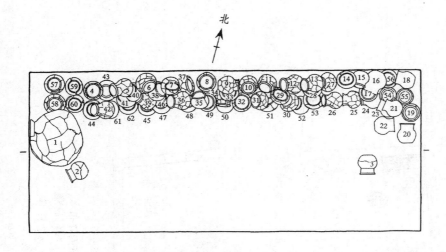

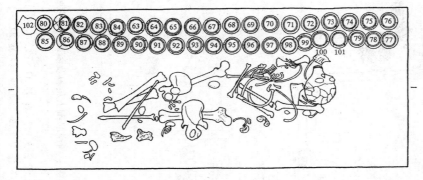

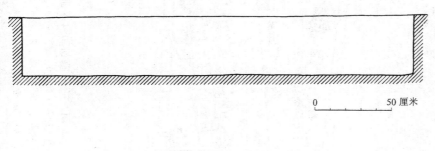

图一三二 分层绘制殉人及器物分布的墓葬平、剖面图
上 上层随葬器物 中 下层随葬器物及人骨 下 纵剖面图
1.陶大口罐 2—102.陶高领罐

第八章 ◎ 插图的阅读与分析

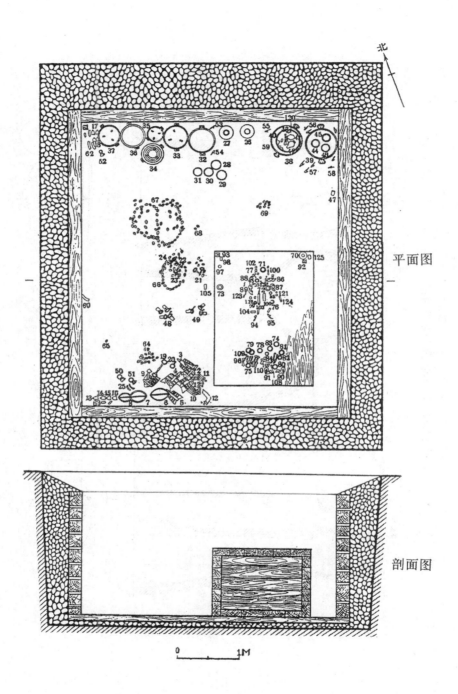

平面图

剖面图

图一三三 墓葬平、剖面图的排列

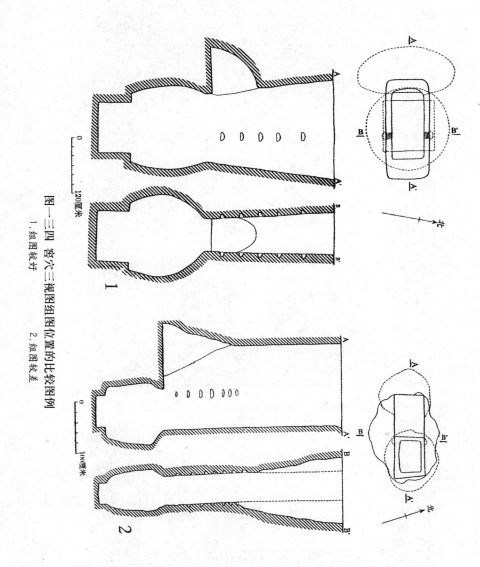

图一三四 窑六三视图组图位置的比较图例
1. 组图较好  2. 组图较差

而图中（2），窖穴平面图置于纵、横剖面图的正上方中心位置，这样组图看似平衡，实际上削弱了主要平、剖面视图间剖口坐标点的对应关系，所以是不妥的安排。

总之，强调组图位置的技术处理，目的是突出插图的对比度，从而加强重要图形在组合中的主导地位，为考古学服务。

### 3.协调美观问题

插图要协调与美观。在一幅图中，如果有房址、墓葬、窖穴、器物等，要尽量将同类型的遗址遗迹组织在一起，非同类的遗址遗迹要保持适当的间距。与此同时，同一遗址的两个或三个视图之间的位置要靠近些，否则会给人以分开的感觉，造成画面的不协调。如图一三五所示。

其中(1)，窖穴平面图与剖面图太贴近了，造成画面的拥挤，不美观。

图中(2)，窖穴平面图与剖面图之间的距离太远给人以过度松散的感觉。

图中(3)，窖穴平面图与剖面图之间组图错位不平衡，两图不在同一投影坐标面上。

而一三五图中下半部的（4）、（5）、（6）窖穴的形状结构不尽相同，大小有别。但由于组织得法，视图体例统一，安排有序，显得稳定整齐，看起来都比较协调美观。

在同一幅遗址图中，无论视图的选用，线形的描绘，剖面的处理以及放置的部位等，都要经心策划，统一考虑，要使图面达到协调与美观。

### 4.插图标示问题

考古报告插图，有时根据内容需要是要做些标注和标示的。

①比例尺与指北针：

在考古插图中，特别是地图、地形图、遗址图、遗迹位置图、墓葬图等，比例尺和指北针是不能遗漏的，错画与漏画都属于不科学的记录图。凡是需要标示比例尺和指北针的组合图都要认真对待，而且要将其位置安排妥当，最好与图的距离适宜，以起到调解图面均衡的作用。

但是，要注意比例尺或指北针不要画得过大也不要画得过小，更不要倒

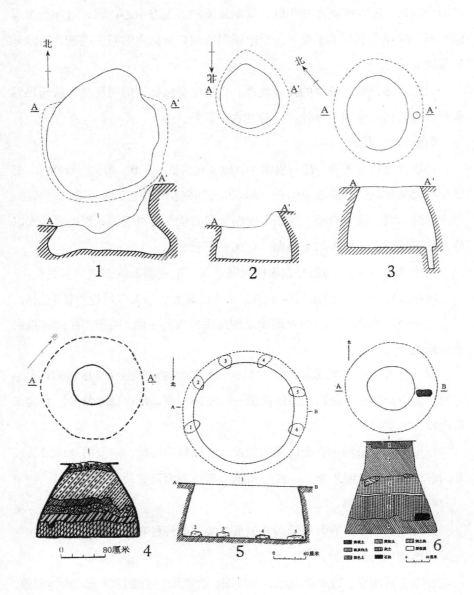

图一三五 窖穴视图间组合的对比图例
上图 1、2、3 平、剖面图不协调 下图 4、5、6 平、剖面图比较协调

置、斜置及过度装饰美化，以免喧宾夺主。

为了引起关注，我们从《考古学报》、《考古》以及《文物》等刊物上集录一些有问题的插图以示读者。

如图一三六中，房遗址图和墓葬图均未标注比例尺，而且墓葬原图一、图(2)中，将指北针画在了墓底。另外墓葬图明明是平、剖面图，却错标注成了平面图（原图一）。

图一三七中，原遗址位置图、墓葬分布图等都分别漏画了比例尺或指北针，这是不严谨不认真的。

图一三八（1）中墓葬图十分简陋而且坑位较小，但令人遗憾的是比例尺和指北针画得过大，图面极不协调。

图（3）中，水井比例尺侧置，极不美观，也失严肃。

②图框：

在考古报告中，一般都不画图框，而地图、遗址、遗迹位置图和器物分期图表等还是要画图框的。

地图、遗址、遗迹位置图或示意图等仅需画图廓外框线，而墓葬形制对比图和器物分期图表等，除外框线之外，内部还需要画分格线。图框的大小要根据内容决定。图框线要画得横平竖直，方正整齐，外框宜粗，内线宜细。

这种带图框的图，画好图框线仅是其中的一个方面，处理好图框中的内容是至关重要的。

例如图一三九所示，为洛阳东郊发掘区域图。该图对区域内的地形、地貌、村落、交通道路和摆驾路口、下谣村、东大寺和泰山庙四个墓葬发掘区地理位置作了明确标示。根据需要又对下谣村和泰山庙的两个墓葬区作出了特殊的放大处理。以图例的形式进一步标示出其具体的方位和墓葬的形状，主题更加突出明确。这样一幅内容丰富、图中有图的发掘区域图，除画图廓线之外，还要增画图廓外框线。内廓线宜细，外框线粗。作这样的技术处理使图面更加庄重大方。

目前利用图框组织考古插图的模式有两种。

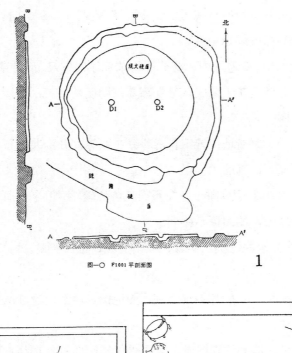
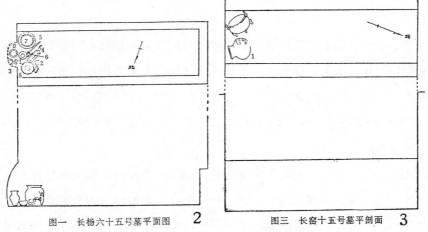

图一三六 遗址与墓葬图中标示漏、错画问题图例
1.房址图（漏标比例尺）2、3.墓葬图（漏标比例尺、错标指北针于墓底、图题标示欠妥）

第八章 ◎ 插图的阅读与分析

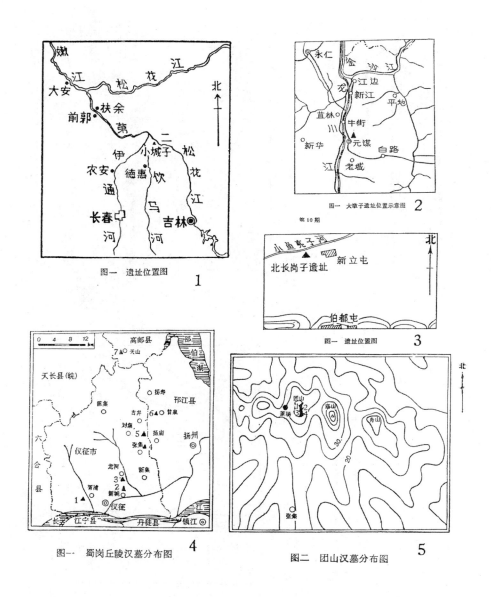

图一三七 遗址位置和墓葬分布图中漏画标示错误图例
1—3、5.漏标比例尺　2、4.漏标指北针

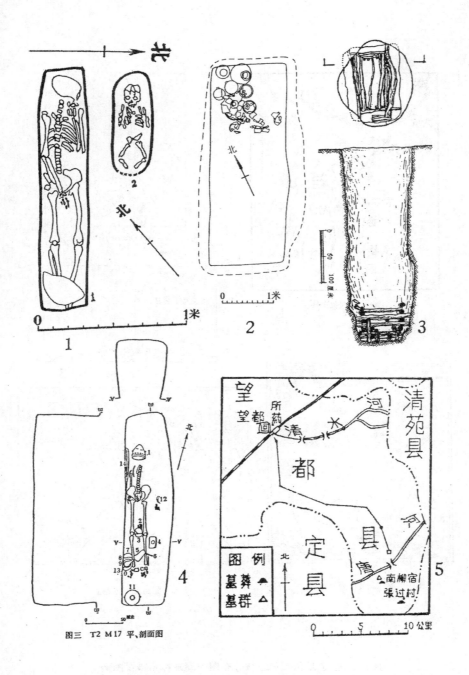

图一三八 线描、文字标注、标示等欠妥图例
1.墓葬平面图 2.墓葬平面图 3.水井平、剖面图
4.M17平、剖面三视图 5.望都墓葬分布图

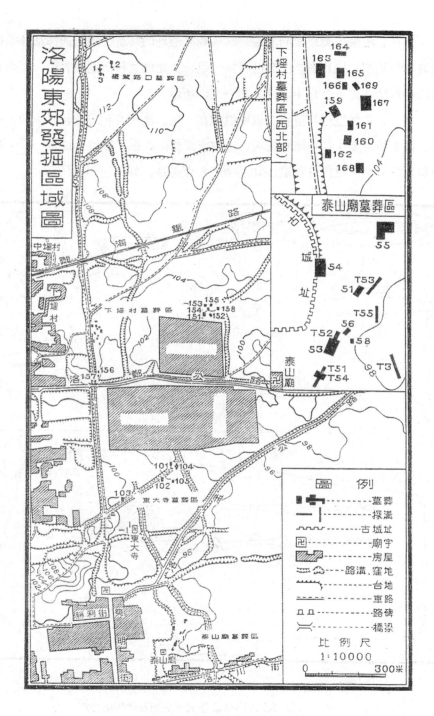

图一三九 洛阳东郊发掘区域图

其一，是采用类型学的方法分解墓葬或遗址的特征，然后选择墓葬或遗址典型结构图，按其形制演变过程排列组合。处理这种形制图表时，要求将图四平八稳地置于表格中。详见图一三〇所示。

其二，是将遗迹与遗物有机地组织在一起。这种表示方法比较新颖，灵活。但布局时要注意均衡和美观，这种模式的优点在于能够使读者一目了然地看出每一个单位内各种遗迹和遗物的共存关系。如图一四〇所示。

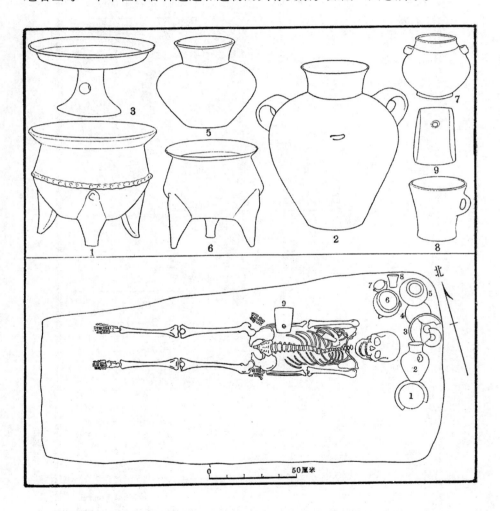

图一四〇 大汶口 M122 墓底平面图及器物组合图

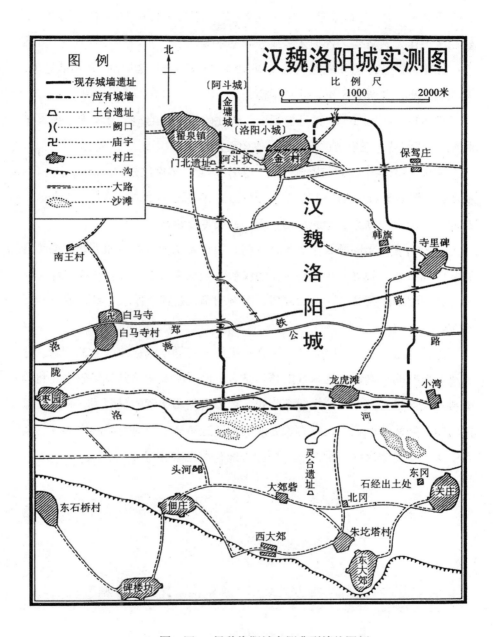

图一四一 汉魏洛阳城实测典型清绘图例

③图字：

考古插图中，有时需要标注文字或号码。特别在各种遗址、遗迹图中，做好标注工作尤其重要，否则会造成识图的困难。

图字标注要注意图面协调与美观。字体的大小要仔细斟酌，既不能过大，也不能过小，要统筹考虑，注意平衡。

例如图一三八（5），遗址位置图。标注的县与村的地名文字大小就过于悬殊，"望都县"三字又过于松散，使图面很不协调。

图中（1）除指北针与比例尺较大之外，"北"字更过分的大。而图中（4）墓葬图，图本身描绘就十分草率，组图安排又侧置，造成A至A与A′至A′的剖口标示字母倒置。如此组图态度，有失专业水准。

尽管插图标示问题属于艺术性范畴，但也要认真对待，如果处理得法会增强图的效果。如图一四一所示，为汉魏洛阳城实测图。该图图面清晰，布局合理，图字配置恰当，线描精巧，图例明确，是锦上添花之作，值得学习参考。

总而言之，以上是阅读考古报告和组织考古插图时应该注意的问题。考古遗址绘图的正确性与艺术性的巧妙结合，使图的质量达到最佳效果，将会给考古发掘报告及专业论文锦上添花，否则会削弱文章的说服力。所以在保持图的正确性的原则下，应力求更准确地注意选择表现对象的技术方法，从而使考古绘图的水平与时俱进，更完美地为考古事业服务。

# 主要参考书目

1、《考古学基础》，中国科学院考古研究所编，科学出版社1958年版。

2、《考古工作手册》，中国社会科学院考古研究所编，文物出版社1982年版。

3、《长沙发掘报告》，中国科学院考古研究所编，科学出版社1957年版。

4、《庙底沟与三里桥》，中国科学院考古研究所编，科学出版社1959年版。

5、《长沙马王堆一号汉墓》，湖南博物馆、中国社会科学院考古研究所编，文物出版社1973年版。

6、《大汶口》，山东文物管理处、济南博物馆编，文物出版社1974年版。

7、《商周考古》，北京大学历史系考古教研室商周组编著，文物出版社1979年版。

8、《制图字体》，武汉测绘学院地图制图系编，测绘出版社1979年版。

9、《殷墟妇好墓》，中国社会科学院考古研究所编，文物出版社1980年版。

10、《敦煌莫高窟》，第三卷，敦煌文物研究所编，文物出版社1980年版。

11、《宝鸡北首岭》，中国社会科学院考古研究所编著，文物出版社1983年版。

12、《师赵村与西山坪》，中国社会科学院考古研究所编著，中国大百科全书出版社1999年版。

13、《肖家屋脊》，湖北省荆州博物馆、湖北省文物考古研究所、北京大学考古学系编著，文物出版社1999年6月版。

14、《洛阳考古集成》（秦汉魏南北朝卷上），洛阳师范学院、河洛文化国际研究中心编，北京图书馆出版社，2007年3月版。

15、《天马—曲村》，北京大学考古学系商周组、山西省考古研究所编著，科学出版社2000年版。

16、《洛阳王湾》，北京大学考古文博学院，北京大学出版社2002年6月版。

17、《田野考古工作规程》，国家文物局，文物出版社2009年4月版。

# 后　记

　　似水流年，光阴荏苒。教书育人，春风满面。解甲归田，仰屋著书。修身养性，鹤发童颜。

　　笔者生于天津市武清县。小学毕业后在生产队务农，吃过苦受过累，品尝了粒粒皆辛苦的艰辛。1956年赴京读书，考入河北北京中学。1965年毕业于北京艺术设计学院，随后从事美术设计工作，客籍北京。"文革"中的1971年调入北京大学。半路改行，卧薪尝胆，自学受益，任教于北京大学考古文博学院，主讲文物考古绘图技术专业基础必修课，曾任技术室主任。

　　北京大学是知名学府，知识的殿堂，具有海纳百川的胸怀。北大人才济济，名家辈出，笔者能登上北大的讲堂，是机遇也是挑战。

　　回头看感慨万千。我的体会是，做人千万不能有"傲气"，但万万不能没有"傲骨"，也就是"骨气"。骨气就是不屈的精神，要强向上的勇气。我之所以能登上大雅之堂，凭的就是勤奋、自强的精神，实现了有所追求、有所收获的梦想。

难道不是吗？在校、系领导的关心、培养下，我图强敬业，教书育人苦作舟，横刀立马写春秋。十年寒暑磨一剑，春华秋实谢天酬。在三十余年的教学工作中，撰写了《考古绘图》、《考古器物绘图》和《田野考古绘图》等三部教材专著。没有辜负领导的信任与栽培，也没有让良师益友们失望。受益感怀：

秋高气爽庆良辰，桃李芳菲满眼春。
造就英才兴国运，从来坦荡不沾尘。

北大就是北大。她的广博与宽容接纳了我，从而使我在北大找到了自己人生的定位与坐标。北大特有的人文精神和学术氛围是一种巨大的精神力量，时刻陶冶和激励着每一个置身其中的人。我感到工作与生活在北大就是一种人生的享受，所以我由衷地感谢北大，热爱燕园。

我爱北大的湖光塔影，更爱燕园的翠柏青松。翻开百年历史的尘封，领略百舸争流的激情。品味名家们的经典，感悟泰斗们的雄风。北大是知识的海洋，燕园是学者的天堂。文能醉人何必酒，书能香我不须花。

我的体会反映了我的心声，我的心声饱含着对教书育人的激情。在没有现成教材的考验面前，我坚定地选择了挑战自我，如饥似渴，博览群书，旁听专家们的专业讲座，搜集相关资料，而后夜以继日地伏案撰写教材，历经十个寒暑，将四万余字的提纲式讲义，充实提高到了较全面系统和完备的三十万字的教材专著。

当代著名考古学家、中国考古学会名誉理事长、北京大学考古学系首任系主任宿白教授，任贤使能地接纳了我，使我走上了教书育人的讲堂。当1992年宿先生得知《考古绘图》缮清初稿后，非常高兴地带回家审阅。阅毕，宿先生不但在书稿的扉页上写下了密密麻麻的批注和列出了章节调整细目，而且还破天荒地为该书作序，并亲自送到我手中。宿先生的关爱使我受宠若惊，给我无穷的信心和力量。而后，宿先生于2007年满腔热情地为我审定《考古器物绘图》。2009年宿老又以八十七岁高龄为我审定《田野考古绘图》书稿并题写了书名。宿先生这种高尚的情操与严谨治学的精神，令我肃然增敬，没齿难忘。

当代考古学家、北京大学考古学系第二任系主任严文明教授，始终言传身教，指导着我的教学与科研实践活动。在严先生的关心教诲下，我在得天独厚的教学环境中如鱼得水，潜心治学，得以把教学实践经验撰写成文。当严先生看了《考古绘图》书稿后，给予了充分肯定，并向校教材建设委员会举荐出版该书的必要性，起到了关键作用。近三年来，严先生在百忙中为《考古器物绘图》和《田野考古绘图》两书作序。这种不辞辛劳的鼎助，使我终生难忘。

考古学与民族考古学家李仰松教授，也给予了我真挚的关心和鼓励。在2009年盛夏之时，李先生细致入微地审阅了《田野考古绘图》书稿，并提出了补偏救弊的宝贵意见，深情厚谊，难以言表。

吾师，中国社科院考古研究所高级工程师郭义孚先生，曾给予我细心的教授与指导，使我受益匪浅，至今记忆犹新。

特别要感谢的是德高望重的已故考古界老前辈、前中国社科院考古研究所研究员、中国考古学会首任理事长、北京大学历史系考古专业1952年创立时的首任教研室主任苏秉琦先生，曾于1992年3月24日欣然来函为《考古绘图》题字并致意。苏老平易近人，为人师表的大家风范，至今历历在目，令我镂骨铭心。

而今《田野考古绘图》得以出版的关键是：

承蒙北京大学考古文博学院的支持与帮助；

承蒙北京大学教材建设委员会的批准，并申报本书为北京市高教委2009年北京高等教育精品教材建设立项参评项目；

承蒙北京市高教委审批《田野考古绘图》项目入选并给予资助，而且委托北京大学出版社出版发行。

北大出版社编辑张晗同志悉心圈点与润色。我的妻子赵岩（福音）也为本书付出了许多的辛劳,在此一并表示谢意。

本书在撰写中,引用和参考了相关论著,其中部分随文作了说明。在此向诸位表示深深的谢意。

由于作者水平有限,书中错误难免,请读者批评指正。

马鸿藻

2009年10月于北大燕东园

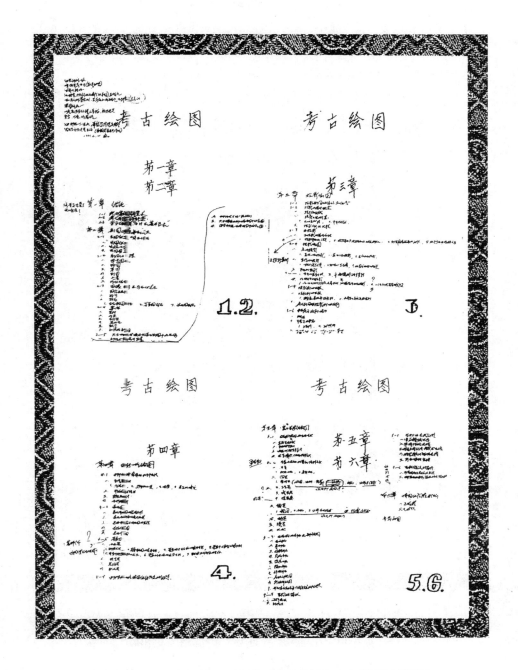

宿白先生1991年6月21日阅毕《考古绘图》在书稿封面上题写的批注与章节调整的细目

推荐书

马鸿藻同志所写的《考古绘图》一书，是他多年从事绘图教学所编讲义的基础上不断充实提高修改而成的。它具有以下几个优点：

1. 比较全面而系统地讲述了考古绘图的基本原理和操作要领，较好地做到了理论与实际的结合。

2. 全书结构合理，逻辑性较强。

3. 文字和插图配合得较好。

4. 书中许多例子是经验之谈，对初学者有启发和较大的实用价值。

鉴于以上各点，且国内至今还没有考古绘图的专著出版，故特为推荐，以应大学考古专业与博物馆专业教材和一般绘图人员参考的需要。

北大考古系教授
系主任 严文明
1991.7.15.

严文明先生1991年7月15日为《考古绘图》的出版
而撰写的推荐书

后记

苏秉琦先生1992年3月24日亲自来函为
《考古绘图》书名题字实录。